© Asdrúbal Aguiar
José Agustín Catalá, editor
El Centauro. ediciones
ISBN: 980-263-308-9
Depósito legal lf: 55719983403050
Impreso por la Imprenta Nacional
Caracas, Venezuela
Septiembre 1998.

ASDRUBAL AGUIAR

PERFILES ETICOS y NORMATIVOS del Derecho Humano a la Paz

José Agustín Catalá, editor
EL CENTAURO / Ediciones
Caracas / Venezuela / 1998

*A Rafael Caldera y Federico Mayor,
artesanos de la paz. Ex corde.*

SUMARIO

Introducción.. 7
II. De la paz de los armisticios a la paz de la tolerancia.. 13
III. Dimensión normativa de la paz................................ 23
IV. Paz y globalización... 35
V. Cultura de paz y derechos humanos......................... 41
VI. El derecho humano a la paz y las Naciones Unidas..... 47
VII. La Declaración de Oslo y su revisión....................... 55
VIII. Consulta de París (I)... 63
IX. Consulta de París (II).. 69
X. Réplica sobre el derecho humano a la paz............... 79
XI. Las Américas y el derecho a la paz: *Reafirmación de Caracas*... 83

Notas... 87

Anexos

1. Declaración de Las Palmas... 105
2. Declaración de Oslo sobre el Derecho Humano a la Paz.. 107

3. Proyecto de Declaración sobre el Derecho Humano a la Paz, Fundamento de la Cultura de Paz.............. 113
4. Declaración "Reafirmación de Caracas".................... 119

I

El pasado mes de marzo, por mandato de la 29° Conferencia General de la Organización de las Naciones Unidas para la Educación, la Ciencia y la Cultura, se realizó en París la Consulta Internacional de Expertos Gubernamentales[1] encargada del examen del Proyecto de Declaración Universal sobre el Derecho Humano a la Paz, conocido como la *Declaración de Oslo*. En consonancia con la idea central de que la paz es compromiso con la vida y servicio a su promoción, esta Declaración, al igual que la versión revisada por el Director General de la UNESCO[2], establece, sin desviaciones de ningún género, que **"la paz, bien común de la Humanidad, es un valor universal al que aspiran todos los seres humanos y los pueblos"**. Y, a renglón seguido, prescribe que **"todo ser humano tiene un derecho a la paz que es inherente a su dignidad de persona humana"**[3].

La diversidad y pluralidad de los criterios esbozados por los expertos invitados a la Consulta - y por qué no decirlo, la tensión controversial acopiada por éstos durante los debates - hizo evidente la sensibilidad del argumento de la paz y también la suma de *intereses* que todavía conspiran en su contra. Se comprende, de esta manera, lo que escribió hace pocos años el jurista hispano Antonio Enrique Pérez Luño [4], quien, al referirse a la paz como valor fundamental y destacarla, por su endeblez, como «tarea abierta cuyo logro responsabiliza a todos y, en especial, a quienes ejercen el poder», cita de entrada que «pese a las civilizaciones, doctrinas morales y confesiones religiosas que se han sucedido en la historia de la Humanidad, ésta sigue debatiéndose por el reconocimiento de algo tan primario y esencial como su propia supervivencia» [5].

La Consulta de París abrió la fase crucial de un proceso complejo y desafiante, nada fácil para la construcción y consolidación de una paz positiva en el mundo y su revelación como *necesidad connatural* a la existencia del hombre; mismo proceso que encuentra su respaldo intelectual no solo en la inminente efemérides del 50° aniversario de la Declaración Universal de los Derechos Humanos, antes bien en el cambio de sentido que acusa la Historia Universal luego de la caída del Muro de Berlín. Estas son circunstancias que, sin lugar a dudas, les dan un nuevo y renovado impulso a las tareas moralizadoras de la UNESCO y, dentro de éstas, a la fragua de la *Cultura de Paz* [6] como nuevo paradigma del orden internacional contemporáneo.

Dentro de este contexto, el derecho humano a la paz y su proclamación, aun cuando tiene raíces en el Proyecto de Pacto sobre los Derechos Humanos de la Tercera Generación, relacionado con los derechos de solidaridad y preparado por la *Fondation Internationale pour les Droits de l'Homme* [7] (K.Vasak, R.J.Dupuy, J.Robert, Diego Uribe-Vargas, E.Pettiti, entre otros), responde genuinamente a los cometidos esenciales de la Organización de las Naciones Unidas para la Educación, la Ciencia y la Cultura, en tanto que Casa Moral e Intelectual de la Humanidad. De suyo, el Acta Constitutiva de la UNESCO, al proclamar la dignidad del hombre y exigir la educación de todos en la paz, dispone que aquella debe «contribuir a su mantenimiento estrechando, mediante la educación, la ciencia y la cultura, la colaboración entre las naciones, a fin de asegurar el respeto universal a la justicia, a la ley, a los derechos humanos y a las libertades fundamentales...» [8].

La iniciativa asumida por el Director General de la UNESCO, Federico Mayor, en su mensaje institucional sobre *El derecho humano a la paz* [9], no podría, entonces, evidenciar mayor pertinencia. Ella convoca a *toda* la sociedad y a todos sus actores, para que asuman como compromiso hacia el nuevo milenio la renuncia generalizada a la violencia, con el propósito de favorecer «la gran transición desde la razón de la fuerza a la fuerza de la razón; de la opresión al diálogo; del aislamiento a la interacción y la convivencia pacífica» [10].

II

La paz, bueno es señalarlo, nunca ha estado ausente como idea y fuerza motriz de la existencia humana. Por la paz y su conquista lucharon, a su modo, los romanos (*Pax Romana*), los actores del mundo medieval al auspiciar la doctrina de la Guerra Justa y la sujeción jerárquica del orden feudal a la diarquía Papa-Emperador (*Pax Ecclesiae*), y en la modernidad, los mismos teóricos de la *Paz Perpetua* -como el Abad de Saint Pierre y Emmanuel Kant, entre otros- o los hacedores de la *Paz de los Equilibrios*, nacida esta última luego de fenecimiento de la *Respublica Christiana* y en permanente fragua desde la Paz de Westfalia (1648) hasta el período de la Sociedad de las Naciones, una vez agotado[11].

Lamentablemente, sin que esto sugiera un juicio de valor acerca de las llamadas zonas oscuras de la conducta o nuestra improbable adhesión a las teorías realistas de Maquiavelo o de Hobbes [12], sí debemos observar que a la conquista cotidiana de la paz, ley primaria y fundamental de la naturaleza, condición y propósito de la asociación humana y, en las palabras de San Agustín, ordenamiento armónico de las partes y concordia bien ordenada de los hombres en sus mandos y en su obediencia *(La ciudad de Dios*, XIX, 13)[13]- le precedió, siempre, una validación discrecional de la violencia (*Homo homines lupus*).

Desde la antigüedad hemos redituado ideologías e instituciones modeladas sobre el yunque de la guerra y el armamentismo de la Historia. En la práctica, aquella no ha sido, como lo indicaban los principios del dominico Vitoria (1480-1546), "... la *ultima ratio* de la política"[14]. «Durante un período tan largo como el que separa a nuestros días del siglo XIII - dice Howard -, la paz en Europa, esa paz por la que oraban tan sinceramente las congregaciones en las iglesias cristianas, existió solamente en algunos excepcionales y limitados oasis de tiempo y de lugar»[15]. Y la razón no podría ser más concluyente: La guerra hizo posible, en buena medida, la acumulación del poder material y político detentado en distintas épocas por los repartidores supremos e intermedios del orden internacional. Fue y ha sido, en opinión de Clausewitz (1780-1831), no otra cosa que «una simple continuación de la política por otros medios»[16] y, asímismo, el fundamento originario de la identidad estatal en Occidente [17].

La violencia alcanzó, de esta manera y en sus distintas formas, rango y estatuto propio. La paz en el mundo, por consiguiente, devino en paz de los armisticios y de las capitulaciones. De modo que, en el marco de una sociedad internacional de estructura paritaria como la conocida hasta hace medio siglo, el uso de la fuerza representa un acto legítimo de soberanía, apenas restringible en sus efectos *superfluos*. Así fue posible, por lo mismo, el florecimiento del Derecho de la Guerra en los finales del pasado siglo y comienzos del presente[18] y, posteriormente, la búsqueda de la denominada *Paz por el Derecho*, que impone resolver por métodos pacíficos, diplomáticos y adjudicativos, las controversias entre los Estados [19]. En suma: la paz - suprema aspiración de todos los tiempos - llegó a ser entendida como paz negativa, como ausencia y también producto de la agresión: *Si vis pacen, para bellum*, decían los clásicos.

La ruptura de la dependencia horizontal e histórica entre la guerra y la paz, todavía está en espera de solución. Los referentes institucionales e integradores de la comunidad humana contemporánea evolucionan en tal sentido y dan testimonio de esta realidad en tránsito, que quizá nunca escape a la insatisfactoria y siempre perfectible relación *conciencia-mundo*, que ha sido objeto de análisis críticos por el pesimismo metafísico, el dualismo teológico de Zaratustra o el filosófico de Platón, y también por el llamado optimismo bíblico. Todas a una, en tanto que corrientes filosóficas, se han preocupado por descubrir el enigma de la recíproca dependencia que ata el alma a la materia y viceversa. En otras palabras, a la animalidad y la racionalidad del hombre, determinando sus actitudes ante la vida [20].

Sin embargo, lo verificable, más allá del fenómeno manifiesto de conflictividad presente en todos los espacios y tiempos de la Historia de los Hombres, es la ausencia de un criterio intercultural acerca de la paz y de su consolidación. Nos debatimos sin avanzar, desde tiempo atrás, entre el pacifismo heroico de Ghandi pasando por los tipos de pacifismo cristiano, utilitario, legalista, imperial, etc., hasta aquel que pregona la vigencia de un «pacifismo cultural cosmopolita» y de origen estoico, sustentado en la reforma educativa y moral de la gente [21]. Pero, la concertación y el establecimiento de un punto de convergencia humana entre los extremos, parece ser la premisa indispensable para la cristalización de una comunidad universal «totalizante», tal como la visualizó Luis María Olaso [22] durante su activa militancia en favor de los derechos de la persona. En esta linea de pensamiento, siguiendo las enseñanzas de Moreno Lara, que reclaman no confundir a los orientales como místicos puros ni a los occidentales como materialistas a ultranza [23], se afirma, sin embargo, que para los primeros lo esencial es la armonía interior, es decir, la adecuación del hombre al *dharma*, en el decir de los hindúes [24]. Para los herederos de la civilización occidental, en la práctica, la paz se «concibe más proyectada hacia el exterior, hacia la simple ausencia de guerra» [25], lograda por mediación de las formas de organización social y política; «el arte social –lo decía el Barón de Beaujour- es tan necesario a los hombres [de este Hemisferio] que sin él no se podrían vencer la mayor parte de los males anexos a la condición, ni conservarse» [26].

No se olvide, en el marco de esta aproximación, que durante los siglos XVI y XVII tuvo lugar un interesante movimiento antropocéntrico y racionalista que va más allá de las prédicas de los teólogos de Salamanca. Éste reivindica al individuo como poseedor de derechos inalienables "anteriores a toda sociedad", que se resumen, en tanto que derechos básicos a "la vida, la libertad y la propiedad" [27]. La evolución de esta Escuela Clásica del Derecho Natural alcanza hasta el mismo siglo XVIII, en el que Kant formula su tesis sobre la Paz Perpetua (1785) al "considerar a hombres y Estado, en sus relaciones externas, como ciudadanos de un Estado universal de la humanidad (*ius cosmopoliticum*)" [28]. La emergencia factual y el fortalecimiento - en los siglos XVII y XVIII - del Estado-Nación y su soberanía; la forja de la *Raison d'Etat* y el advenimiento, con la Revolución de 1789, de la noción de ciudadanía junto a su incidencia en la exaltación del fervor patriótico, en alguna medida debilitaron la autoridad del credo natural producto de la razón y de la relación dominante y subyacente entre el hombre (individuo y persona) y la Humanidad, planteándose la necesaria reconciliación y armonización entre una y otra tesis [29].

El *Siglo de las Luces*, sin embargo, predicó como idea central el Humanismo racionalista, pero aceptando que "la guerra es inherente al ser humano"[30]. De allí la necesidad planteada a sus representantes de estudiar sus causas y proponer, según lo dicho, fórmulas orgánicas que la limitasen por su inconveniencia. En este período se condena a la guerra por ser "moralmente injustificable, estratégicamente incierta y económicamente ruinosa"[31]. También se promueve la responsabilidad individual de los monarcas y Jefes de Estado por las guerras de su autoría, y se discute sobre las opciones para una *Paz Perpetua* europea y universal, fundada, bien sobre el restablecimiento de los equilibrios en el decir de Vatell, bien sobre la organización de un pacto o alianza federal a cuya cabeza operaría un tribunal internacional o una *dieta de Estados*, disponiéndose de un ejercito común y de una presidencia [electiva o rotativa][32].

En extracto, los pensadores de las Luces consideraron que la razón humana conduce por necesidad o por utilitarismo a estas fórmulas de organización externa predispuestas para la eliminación de la guerra; mas no dejaron de reconocer que entre las causas de ésta mediaba una perversa combinación de la debilidad psicológica del hombre con la idea germinal y patrimonialista del Estado [33].

Para la Doctrina social de la Iglesia, los planos culturales e históricos descritos no se excluyen, antes bien, expresan dimensiones plurales de una misma y única realidad que converge en el Ser: «Cést en lui-même que l'homme est divisé. Voici que toute la vie des hommes, individuelle et collective, se manifeste comme une lutte, combien dramatique, entre le bien et le mal, entre la lumière et les ténèbres» (Gs, 13, §2)[34]. René Coste, exponente autorizado del pensamiento católico, se apoya en «da célebre definición agustiniana: *Pax omnium rerum, tranquillitas ordinis*. La paz universal es la tranquilidad del orden», para señalar que «dos elementos rigen, pues, la vida social: la convivencia en el orden, la convivencia en la tranquilidad»[35].

Al respecto, dice Coste: «El verdadero orden en las relaciones interhumanas no es un arreglo artificial impuesto por jefes a un rebaño de esclavos: sólo sería su caricatura. Es la expresión armoniosa de las relaciones interpersonales e intercomunitarias que se establecen entre personas y entre comunidades que se respetan en el marco de la comunidad mundial... [A su vez] la tranquilidad (o la calma) es algo... distinta del estancamiento perezoso o del inmovilismo social...»[36] en el hombre, llamado como ha sido al cumplimiento de su vocación dentro del programa divino.

La idea contemporánea de una paz animada por la *seguridad en común* y por el valor preceptivo de la dignidad de la persona humana, es coincidente con la visión intelectual de la Carta de San Francisco, bajo cuya égida nace la Organización de las Naciones Unidas. Sin embargo, mal podríamos aducir que la paz de nuestro tiempo es un hecho logrado. Se han sucedido innumerables conflictos *periféricos*, internacionales e internos, tan inmorales en cuanto a pérdidas de vidas humanas como lo fueron, en su momento, las dos grandes guerras europeas[37]. Cabría preguntarse, sin que disminuya la fuerza del argumento precedente, si esta paz todavía precaria se debe más a la supranacionalidad y al ideario fundacional de la ONU que a una prórroga real en los equilibrios de antaño, renovados en la bipolaridad de la Guerra Fría. O si, mejor aún, esta paz de la resignación, lejana de la paz de la concordia, es acaso un provento del diabólico *juego suma cero* diseñado por la tecnología de la muerte, que en sus avances inconmensurables es capaz de conducirnos hacia el sendero de la guerra terminal[38].

El sentido común, suprema guía de lo humano, nos dice que a fin de cuentas cualquier fórmula -técnica, orgánica o funcional- para la conquista y consolidación de la paz, nada vale sin el acuerdo de los corazones: Sólo posible cuando unos y otros nos disponemos al diálogo fecundo, obra del respeto y la tolerancia mutuas. Fue sabia y pertinente, en este sentido, la reflexión de Octavio Paz al recibir, de manos del Presidente alemán, el Premio Internacional de la Paz de la Asociación de Editores y Libreros, en Francfort: "...una y otra vez [el] diálogo ha sido roto por el ruido de la violencia o el monólogo de los jefes. La violencia exacerba las diferencias e impide que unos y otros hablen y oigan; el monólogo anula al otro; el diálogo mantiene las diferencias pero crea una zona en la que las alteridades coexisten y se entretejen. El diálogo excluye al ultimatum y así es una renuncia a los absolutos y a sus despóticas pretensiones de totalidad: somos relativos y es relativo lo que decimos y lo que oímos. Pero este relativismo no es una dimisión. Para que el diálogo se realice, debemos *afirmar lo que somos* y, simultáneamente, *reconocer al otro en su irreductible diferencia*. El diálogo nos prohibe negarnos y negar la humanidad de nuestro adversario" (Cursivas nuestras)[39].

Al amparo de la explicada visión occidental y cristiana, renovada en el pensamiento pontificio [40], podríamos sentenciar: Si la paz es el producto del diálogo y de la tolerancia, y si el diálogo nace del reconocimiento del otro y del nosotros, con lo cual todos hemos de acomodar nuestros intereses a las necesidades de los demás haciendo posible el respeto del Bien Común, la paz es, por lo mismo, aspiración y "perpetuo quehacer" (Gs, 78), también valor preceptivo para el orden y, sin excluirse, derecho humano *in totus*. "La paz -sentencia la *Redemptor Hominis*- se reduce al respeto de los derechos inviolables del hombre"[41].

III

En el ámbito de lo jurídico formal, las normas internacionales y la doctrina - cuando menos hasta la Segunda Guerra Mundial - reconocieron a la paz y a la guerra como situaciones legítimas que se llaman en reciprocidad. Ambas fueron ordenadas por el Derecho, según lo dicho, dentro de una percepción de complementariedad. El Derecho constitucional interno de los Estados refleja, en variados matices y a pesar de las reformas introducidas en la última posguerra, la señalada tendencia institucional dualista [42]. Así, por ejemplo, la Constitución Argentina (1994) atribuye al Presidente de la Nación «declara[r] la guerra y ordena[r] represalias con autorización y aprobación del Congreso»[43]. La Constitución de Uruguay (1989) otorga al Presidente, actuando con el Ministro o Ministros respectivos, o con el Consejo de Ministros, la potestad de «decretar la ruptura de relaciones y, previa resolución de la Asamblea General, declarar la guerra, si para evitarla no diesen resultado el arbitraje u otros medios pacíficos»[44].

En un ángulo diferente del anterior, la actual Constitución de Venezuela (1961), al prever que en los tratados que la República celebre se insertará una claúsula que obligue a la solución de las controversias por las vías pacíficas reconocidas en el Derecho internacional, dispone que el Presidente «adoptar[á] las medidas necesarias para la defensa de la República, la integridad del territorio y de la soberanía, en caso de emergencia internacional»[45].

La Constitución de Costa Rica (1995), que es la de mayor vocación pacifista en el Hemisferio, no tiene disposiciones equivalentes a ninguna de las anteriores, salvo la atribución al Presidente junto al respectivo Ministro de Gobierno, de la competencia para "disponer de la fuerza pública [a fin de] preservar el orden, defensa y seguridad del país"[46]. Finalmente, la vigente Constitución de Colombia (1993), que es la consecuencia de una realidad social de violencia institucionalizada, es la primera en reconocer a la paz como "un derecho y un deber de obligatorio cumplimiento"[47].

El nacimiento y la formación de la Sociedad de las Naciones y, sucesivamente, de la Organización de las Naciones Unidas, junto a la definitiva proscripción del uso de la fuerza en las relaciones internacionales, la declaratoria de éste como ilícito susceptible de comprometer la responsabilidad de los Estados y, en sus derivaciones, la obligación impuesta a éstos de resolver *pacíficamente* las controversias, abrieron un camino para la reversión progresiva de la nefasta cuanta viciosa tendencia del *bellum omnium contra omnes* [48].

El Pacto de la Sociedad de las Naciones, en lo particular, no proscribió y, por el contrario, estableció un sistema de moratoria de la guerra, todavía reconocida como medio para la solución de los conflictos internacionales. Empero, apuntó tímidamente hacia la formación de una sociedad mundial organizada, en procura de una paz mundial estable. Los redactores del Pacto, quizá como reflejo y en emulación de la experiencia evolutiva interna de los propios Estados o influidos por la tesis de Locke (1632-1704) que describe al estado de guerra como «la ausencia de un soberano común al que pueda acudirse en demanda de que intervenga como juez»[49], advirtieron lo indispensable de sustituir el régimen primitivo y disolvente de la autotutela por otro en el que la fuerza estuviese organizada de manera colectiva y en apoyo a las exigencias superiores de la comunidad internacional. Esto, *mutatis mutandi*, lo sugiere el texto del artículo 8 de dicho Pacto: "Los miembros de la Sociedad reconocen que el *mantenimiento de la paz* exige la *reducción de los armamentos* nacionales al mínimo compatible con la seguridad nacional y con la ejecución de las obligaciones internacionales impuestas por una *acción común*" (Cursivas nuestras)[50].

La primera guerra mundial demostró que no bastaba una percepción *sistémica* de la paz, sostenida en el equilibrio de potencias entre los actores de la comunidad internacional, para declarar su conquista final. Tampoco fue suficiente el mecanismo del aplazamiento conflictual dentro de un régimen de poder orgánicamente desconcentrado como el que mantuvo la Sociedad de las Naciones, ni la proscripción nominal de la guerra como lo hizo el Pacto Briand-Kellog, en 1928. Ambos, como iniciativas para la paz, fallaban por lo sustancial: El avance desde el régimen primitivo de responsabilidad colectiva o grupal y de seguridad individual hacia otro de responsabilidad personal y de seguridad orgánica y colectiva [51].

Sin ser suficiente, lo anterior suponía una cultura de la asociación como contrapartida a la cultura del clan. Esta, a diferencia de la primera, no acata ni respeta la libertad de iniciativa, la alteridad, la subsidiariedad, la participación, el aseguramiento del Bien Común, la responsabilidad individual y, por vía de recapitulación, la finalidad intrínsecamente humana de las sociedades intermedias [52].

Desde 1945, Naciones Unidas se esforzó en el diseño de un nuevo modelo para la paz internacional basada en los valores de tolerancia, convivencia pacífica e interdependencia entre los Estados. Las normas de la Carta de la Organización le han opuesto, a la anomia interestatal y al *realismo* político que le acompaña, el ensamblaje de las exigencias propias del ordenamiento jerárquico y funcional del poder internacional con los objetivos que le justifican desde el vértice de la ética humana y su estimativa.

Sin embargo, la Carta de San Francisco no oculta su preferencia indirecta, en procura del mantenimiento o restablecimiento de la paz, por la aplicación de medidas coercitivas que, en última instancia, podrían incluir el uso de la fuerza armada [53]. No obstante, el Capítulo IX de la misma explica que las condiciones de estabilidad y de bienestar requeridas para la paz dependen de tres factores interdependientes y complementarios del anterior: La promoción y realización del desarrollo económico y social, la cooperación cultural y educativa, y el respeto universal a los derechos humanos y las libertades fundamentales [54].

Estos, subestimados por la ordenación sustantiva de la Carta y las circunstancias de la coexistencia pacífica, son las que mejor interpretan las finalidades genuinas (v.gr. "... practicar la tolerancia y la convivencia en paz como buenos vecinos"[55]) del sistema <<onusiano>>, explicitados en el Preámbulo de aquella y en su artículo 1º. Es manifiesta y no discutida, en efecto, la exigencia a los miembros de las Naciones Unidas de preservar a las generaciones futuras del flagelo de la guerra. La guerra de agresión y las distintas formas de uso de la fuerza por los Estados, en supuestos distintos a la legítima defensa, son manifiestamente contrarias al Derecho internacional y, por ende, susceptibles de comprometer la responsabilidad de los Estados e incluso la de los individuos, cuando media la comisión de crímenes contra la Humanidad [56].

Esta interpretación teleológica de la Carta en su concordancia con la práctica de la Organización de las Naciones Unidas, mal se hubiese podido defender sin la oportuna complementación que, en el ámbito normativo, conllevó la Declaración Universal de los Derechos Humanos, adoptada en 1948 y a cuyo tenor "la paz en el mundo [tiene] por base el reconocimiento de la dignidad intrínseca y de los derechos iguales e inalienables de todos los miembros de la familia humana"[57].

En refuerzo de lo anterior, importa destacar que la Carta condena *ab initio* el flagelo de la guerra, mas no por su inutilidad como afirmaban los escritores del Siglo de las Luces, sino por los sufrimientos indecibles que ésta le ha infligido a la Humanidad. De allí, el valor de la declaración de los Estados miembros al reafirmar su fe en los derechos fundamentales del hombre y, más específicamente, en la creación de las «condiciones bajo las cuales puedan mantenerse la justicia y el respeto a las obligaciones emanadas de los tratados y de otras fuentes del derecho internacional»[58].

Cuando la Carta de Naciones Unidas define normativamente los propósitos de la Organización y cita, como base para la actuación de sus mecanismos de policía, las amenazas o quebrantamientos de la paz y de la seguridad de los Estados, no olvida señalar de manera diferenciada a las tareas de fomento de las relaciones de amistad entre los Estados, de desarrollo y estímulo del respeto a los derechos humanos y las «*otras medidas* adecuadas *para fortalecer la paz* universal» (Cursivas nuestras)[59].

La Declaración 290 (IV) adoptada por la Asamblea General el 1° de diciembre de 1949, bajo el título *Essentials of Peace* (Bases esenciales de la paz)[60], es ilustrativa de esta tendencia. Interpretando a la Carta de San Francisco, intuye a la paz como *valor programático* y fundacional del orden postbélico, por ende traducible a normas generadoras de pretensiones y de deberes humanos correlativos. Dicha Declaración, de suyo hace constar la urgencia de unas condiciones mínimas capaces de liberar a las personas de la angustia y de la miseria, y favorecer la realización de sus derechos civiles y políticos, económicos, sociales y culturales, todos interdependientes y correlativos al estadio esperable de *paz duradera*[61].

La *Essentials of Peace* fue, a mayor abundamiento, el resultado de una iniciativa conjunta de los Estados Unidos y el Reino Unido, conducente a suplantar la propuesta de la URSS denominada *"Condenación de los preparativos para una nueva guerra, y conclusión de un acuerdo de las Cinco Potencias para el fortalecimiento de la paz"*[62]. Los textos de estos dos instrumentos, por revelar posiciones señaladamente contrapuestas, son importantes para el adecuado conocimiento del modelo de paz <<onusiana>> y su evolución posterior.

El proyecto ruso, desechado por la 1ª Comisión de la Asamblea General, sujetaba el sostenimiento de la paz a compromisos de orden esencialmente externo y operativos, relacionados con la idea de la *seguridad*. De alguna manera, dicha tesis, postulaba una prórroga de la noción funcionalista Occidental, que tuvo vigencia desde el nacimiento y consolidación de los Estados Nacionales como unidades paritarias y actores principales del sistema internacional moderno. Según el texto referido, la paz depende de los siguientes elementos: a) Condena de la propaganda de guerra, la carrera armamentista y la inflación de los presupuestos militares; b) Prohibición incondicional del uso de armamentos atómicos, bajo control internacional, por constituir un crimen contra la Humanidad; y, c) Proscripción del uso de la fuerza y obligación de resolver pacíficamente las controversias internacionales[63].

Felizmente, la resolución *Essentials of Peace* puso de manifiesto el carácter complejo de la consecución de la paz mundial y la de los Estados y, a diferencia de la propuesta que sustituyó, hizo caso omiso de la versión mecánica, coercitiva e interestatal, que tanto peso tiene para los exponentes de la *realpolitik* norteamericana y euroccidental. En consonancia con el espíritu de la Carta, hoy pendiente de su renovación, la Asamblea General desarrolló los principios para el aseguramiento de una *paz duradera*, tomando en cuenta las prescripciones negativas y positivas indispensables para la organización *social* internacional de la posguerra, sin descuidar el objeto y la finalidad de tal estructura: Preservar la dignidad y el valor eminente de la persona humana.

La citada Resolución 290 (IV), en consecuencia, hizo un llamado a todas las naciones y a los Estados Miembros de la Organización, advirtiéndoles que el menosprecio de los principios contenidos en la Carta explica la presencia de tensiones en el ambiente internacional. A los Estados miembros les invitó, de manera puntual, a «participar plenamente en toda la obra de las Naciones Unidas»[64]. Instó abstenerse a las naciones de amenazar o usar la fuerza, en oposición a la Carta, o de realizar cualquier acto atentatorio contra la integridad o soberanía de un Estado u orientado a fomentar la discordia civil o subvertir la voluntad del pueblo en cualquier Estado [65]; e igualmente, les llamó a resolver sus controversias por los medios pacíficos establecidos y a cumplir de buena fe las obligaciones internacionales (*Pacta sunt servanda*). Seguidamente, les recordó promover, mediante la cooperación, el desarrollo de niveles de vida más altos para todos los pueblos, y a *eliminar los obstáculos que impiden la libre información y el intercambio de ideas*, «esencial para la comprensión y la paz internacionales»[66].

Entre otras exigencias, junto a invitarlas al desarme general y al control internacional del uso de la energía atómica, la Resolución hizo un llamado «a promover, en reconocimiento de la primordial importancia de preservar la dignidad y el valor de la persona humana, plena libertad para la expresión pacífica de la oposición política, plena posibilidad para el ejercicio de la libertad religiosa y pleno respeto para todos los demás derechos fundamentales proclamados en la Declaración Universal de Derechos del Hombre»[67].

La paz, dentro del ámbito conceptual y jurídico descrito viene a ser, entonces, condición y consecuencia de factores múltiples que se refuerzan mutuamente. Y por ello, en expresión de una línea consecuente con este desarrollo intelectual, Boutros Boutros-Galli, anterior Secretario General de la ONU a quien rendimos nuestro homenaje, sentenció que a la diplomacia preventiva, al establecimiento de la Paz y al mantenimiento de la Paz, debe añadirse un «concepto que le es muy afín: la consolidación de la Paz (*Omissis*)» (p.3), para lo cual, «la única manera de dar[le] una base duradera a la Paz (*Omissis*) es desarrollar, aunadamente, una labor sostenida para hacer frente a problemas básicos de tipo económico, social, cultural y humanitario (*Omissis*)»[68].

En una perspectiva universal y de conjunto de la última posguerra, puede argumentarse que la paz es proscripción de la violencia y aseguramiento del orden que la hace posible y al cual tienen derecho todos y cada uno de los hombres: el orden de la paz. «Toda persona -cita el artículo 28 de la Declaración Universal de Derechos Humanos- *tiene derecho a que se establezca un orden social* e internacional en el que los derechos y libertades proclamados (*Omissis*) se hagan plenamente efectivos» (Cursivas nuestras). Pero, tal orden no es sólo eso, mero orden, cual si fuese un orden de *seguridad;* es, en cumplimiento de su finalidad intrínsecamente humana, *Paz de satisfacción* [69], cifrada en la confianza recíproca y en la cooperación mutua. Es, en la interpretación contextual de la mencionada norma, derecho a una paz separada de la paz *situacional*, de la paz de dominación o de meros equilibrios, ineficaz por tributaria del *over kill power*.

Ante la expectativa de un Nuevo Orden Mundial, la Asamblea General de Naciones Unidas, en su Resolución del 12 de diciembre de 1996 [70], se hizo intérprete de la corriente que nos conduce, ineluctablemente, hacia el establecimiento de una paz positiva en el mundo. En tal sentido, luego de destacar, en el Preámbulo de aquella, "la necesidad de un enfoque práctico que permita, por medio de un desarrollo humano sostenible y de la promoción de la tolerancia, el diálogo y la solidaridad, lograr la cooperación y la prevención de la violencia, consolidando de ese modo la paz", formuló un "llamamiento para la promoción de una *Cultura de Paz* basada en los principios establecidos en la Carta de las Naciones Unidas, el respeto de los derechos humanos, la democracia, la tolerancia, el diálogo, la diversidad cultural y la reconciliación, (*Omissis*) como planteamiento integral para prevenir la violencia y los conflictos y contribuir a las condiciones de Paz y su *consolidación*"[71] (Cursivas nuestras). La validación por la Asamblea General, además, del proyecto transdisciplinario "Hacia una cultura de paz" como parte del *Decenio de las Naciones Unidas para la Educación en la esfera de los Derechos Humanos* [72], dice mucho a este respecto.

IV

Al margen de las consideraciones axiológicas y normativas precedentes, tómese en cuenta que la historia relacionada con el agotamiento reciente de la experiencia comunista y el fenómeno de la mundialización, desnuda nuestra existencia y nos interpela, esta vez con mayor razón, sobre la empresa de la paz y las exigencias que se imponen para su final y humana consecución. Y no podría ser de otro modo. El agotamiento del *socialismo real* alivió en la conciencia de las generaciones actuantes la probabilidad de una Tercera Guerra Mundial, que se venía alimentando de la confrontación ideológica y el equilibrio nuclear entre Washington y Moscú. Pero, la severa crisis de identidad acusada por las sociedades de Occidente en esta década final, viene desarrollando variadas y peligrosas formas de conflictividad estamental, étnica, racial, cultural y religiosa, cuya naturaleza escapa a la lógica tradicional y geopolítica de los Estados.

El choque que provoca el mercado global y la subcultura que le acompaña, al devaluar al Estado y entronizar como elemento sucedáneo de integración social a la opinión pública y sólo a ella, ha dado lugar a dos tendencias disolventes de la concordia humana, antagónicas y perniciosas por carentes de todo ánimo crítico: (a) La parálisis y el autismo de los más como respuesta a la tempestad de la *mercadología planetaria*, según el valioso criterio de Alain Minc [73]; y (b) el repliegue de los huérfanos de la posguerra fría hacia el calor de las cofradías y otras estructuras primarias que, al atraparles su personalidad, reditúan odios y exclusiones sólo conocidas en el mundo primitivo y en el Medioevo. Todo esto, a fin de cuentas, revela que «está en juego [nuestra actual] capacidad para [re]constituir un lugar de anclaje para las identidades individuales» [74]; idóneo, como la asienta la *Pacem in Terris*, para asegurar la tranquilidad de un orden fundado en la verdad, guiado por la justicia, movido y moderado por la caridad, y desarrollado en la libertad (PT, 35-38)[75].

La cosmovisión que se gesta en nuestras narices, todavía huérfana de definiciones apropiadas, le da amplia cabida a paradigmas comunes en su ineditez. La suma entre los trastornos sociales señalados y la reciente revolución de los conocimientos y de la tecnología, a la que se agrega la convicción compartida en cuanto al paulatino agotamiento del valor estratégico del poder militar convencional, nos conminan, por lo mismo, a un replanteamiento integral del proyecto civilizatorio del hombre.

En el interinato, preocupa que la persona humana medre tan precaria en su soledad, sin las sujeciones indispensables para la convivencia. Estas, en el inmediato pasado y bajo la preeminencia del colectivismo marxista y de sus derivaciones, ciertamente que le diluyeron u ocultaron como criatura premunida de unidad y de unicidad. Mas, hoy, en el otro extremo, se le reinvidica en la anomia social y en la regresión del *todo* hacia formas primarias de mera agregación humana y disolventes del sentido transcendente del vínculo social.

De ordinario, sólo en la comunión con sus semejantes, el hombre se muestra capaz de desplegarse en razón y voluntariedad. De allí que, como lo aprecia Méda, el vínculo social exprese reciprocidad: "Mientras aporto mi contribución a la sociedad, desarrollo mi sentimiento de pertenencia, quedo ligado a ella, porque la necesito y le soy útil"[76]. La verdad fundante, en efecto, sólo se puede mantener en el seno de la vida social, si aceptamos que "el hombre alcanza su propio nivel por el proceso de cultivo de su humanidad, que tiene lugar en la vida social, comenzando en la familia para desplegarse en la sociedad civil"[77].

En definitiva, creemos que por una u otra vía - como al inicio de todo lo que existe - es predecible que el *humanum* intente otra vez alejar los temores que le acechan desde el lado oculto de su Ser y se enfrente, si es que ya no lo hace, consigo mismo y en su dimensión como persona. Y, quizás vuelva a descubrir —alguien lo ha dicho- que la vida humana tiene como límite la vida misma y no la muerte. "Lo que importa [en efecto] no es el sentido de la vida en términos generales, sino el significado concreto de la vida de cada individuo en un momento dado"[78].

Para tal desafío, aquél cuenta con la dignidad que le es intrínseca y que lo supone dotado de inteligencia, de capacidad de abstracción y de libre albedrío. Ella le permite descubrir el orden natural, en el que se reconoce luego de sus caídas y del cual deriva los derechos y deberes que le son consustanciales. Sin embargo, dada la dinámica competitiva del momento, el hombre también puede revertirse y quedar transitoriamente atrapado en su animalidad primigenia, desarrollando instintos elementales de supervivencia.

A lo mejor si, o quizás no, podrá abrirse en esta *témpora* una fisura capaz de filtrar un «estado de armonía del hombre con la naturaleza, consigo mismo y con el artífice» de todo lo que es y existe, según los términos descriptivos que a la paz le asigna el Vocabulario de Teología Bíblica [79]. Esta vez, como lo reclamaba Maritain, a buen seguro que el hombre apelará al despertar de su conciencia y participará en la edificación real de la paz, «aunque sólo sea por el honor de nuestra especie»[80].

En el imperativo de examinar y de analizar alternativas que favorezcan el propósito de otorgarle a la paz su dimensión personal y, en el propósito obligante de reivindicar al hombre en su condición de sujeto moral, poseedor de libertad y, por tanto, capaz de actuar de manera deliberada y ser, *"pour ainsi dire, le pére de ses actes"*[81], no se puede hacer caso omiso de las prácticas renovadas que conspiran al respecto.

Al comentar, en su oportunidad, las incidencias de la guerra por la invasión iraquí a Kuwait, dijimos que sería trágico para la Humanidad si, convencional o heterónomamente, las normas establecidas por la institucionalidad mundial en cierne, llegasen a expresar una mera descripción, sin referencias axiológicas, de otra lucha de poderes por el poder mismo. Agregamos, entonces, que si los beneficiarios de la *perestroika*, influidos por el *neoiluminismo* occidental, convalidan una concentración monopólica de poder en paralelo a las Naciones Unidas y a despecho de su indispensable fortalecimiento y democratización, puede suponerse que el orden sucedáneo mantendrá vigencia dentro de un limitado espacio temporal y hasta tanto la fuerza arbitraria que le sustente no sea sustituida, de manera igualmente arbitraria y violenta, por quienes en la encrucijada logren situarse como gobernantes medios del sistema internacional [82].

En otras palabras: de reducirse el Nuevo Orden a una mayor influencia de Washington en el destino político de la Humanidad, no estaríamos, en propiedad, ante un nuevo orden. Nos acompañaría, como lo anunció Fraga Iribarne, una nueva situación que reclamará de urgentes contrapesos y de su canalización positiva, para evitar la hecatombe [83].

En consonancia con las premisas de estas apuntaciones, hemos de repetir que un nuevo Estado de Derecho para el mundo ha de suponer una reflexión renovada sobre sus valores fundamentales y sobre los medios para organizar la paz. Y, para que sea justo y, sobre todo, permanente, el Orden

Mundial esperado deberá conciliar las admisibles y legítimas aspiraciones de quienes ahora intentan actuar como sus *repartidores supremos* con el derecho a la esperanza de quienes, en el curso de los últimos cincuenta años, fueron víctimas morales y materiales del antagonismo Este-Oeste.

En este sentido, asegurada como se dice (¿?) la estabilidad en Occidente, queda pendiente, entre otras muchas tareas de humanización de la vida en el Planeta, resolver el desencuentro milenario del Oriente Medio por indigno de la civilización que se levanta. De animarnos un sincero tránsito desde la Paz de los Equilibrios hacia la Paz de la Concordia, ello exigirá la mutua comprensión entre los valores seculares de nuestra civilización y los que se desprenden de las otras corrientes culturales en boga, entre éstas el islamismo, cuyas categorías religiosas y políticas no han cesado de mantener una admirable unidad funcional durante casi dos milenios de historia: *Ex Oriente lux, ex Occidente lex* [84].

V

"Una paz fundada exclusivamente en acuerdos políticos y económicos entre gobiernos –según reza el Preámbulo de la Constitución de la UNESCO- no podría obtener el apoyo unánime, sincero y perdurable de los pueblos (*Omissis*); la paz debe basarse en la solidaridad moral e intelectual de la Humanidad".

A tenor de este mandamiento y, en la convicción, como lo apunta el mencionado Preámbulo, de que «las guerras nacen en las mentes de los hombres, [y] es en la mente de los hombres donde deben erigirse los baluartes de la paz», Federico Mayor, Director General de dicha Organización, nos propuso a todos, con la lucidez del visionario, asumir el maravilloso reto de pasar *de una cultura de guerra a una cultura de paz*[85].

Las premisas de la convocatoria promovida por Mayor no podían ser más contundentes: «Un sistema se hundió en 1989 porque, basado en la igualdad se olvidó de la libertad. El sistema presente, basado en la libertad, correrá igual suerte si se olvida de la igualdad. Y de la solidaridad». Y para ello, a fin de erradicar la violencia, no existe alternativa que ir «a las fuentes mismas del rencor, la radicalización, el dogmatismo, el fatalismo». «La pobreza, la ignorancia, la discriminación, la exclusión... son formas de violencia que pueden conducir -aunque no la justifiquen nunca - a la agresión, al uso de la fuerza, a la acción fratricida»[86].

Después de la decepción del materialismo y del servilismo al mercado, comenta el Director General de la UNESCO, podemos fraguar la paz "en el regreso a la libertad de pensar y de actuar, sin fingimientos, a la austeridad, a la fuerza indomable del espíritu, clave para la paz y para guerra", que se resume en el derecho a nuestra soberanía personal, al respeto a la vida y su dignidad. En otras palabras: en el *derecho a la paz*, que condiciona a todos los derechos, porque, como dijo Mayor al inicio de su mensaje institucional de enero de 1997: "La paz duradera es premisa y requisito para el ejercicio de todos los derechos y deberes humanos"[87].

El derecho humano a la paz y su reconocimiento como paradigma moral e intelectual, en consecuencia, viene a ser el fundamento necesario de la Cultura de Paz, y la motivación que subyace en la Resolución 52/13 de la Asamblea General de la ONU del 11 de noviembre de 1997. Esta, justamente, «pide al Secretario General que, en coordinación con el Director General de la Organización de las Naciones Unidas para la Educación, la Ciencia y la Cultura y teniendo en cuenta el debate celebrado en la Asamblea General, las sugerencias concretas de los Estados Miembros y las observaciones, si las hubiere, de los Estados miembros en el 29° período de sesiones de la Conferencia General de la Organización de las Naciones Unidas para la Educación, la Ciencia y la Cultura, presente un informe consolidado que contenga un *proyecto de declaración y programa de acción sobre una cultura de Paz* a la Asamblea General en su quincuagésimo tercer período de sesiones»[88] (Cursivas nuestras).

La Cultura de Paz, sin excluir ni contravenir «las situaciones de emergencia [que] deben tratarse con procedimientos de toma de decisión y de acción diseñados especialmente...»[89], se propone, exactamente, acometer todo aquello que no puede hacerse en un contexto de guerra y apenas es posible en la tarea diaria pero obligante de la convivencia y de la tolerancia. El derecho a la paz y su cristalización, por su parte, supone el reconocimiento del señorío de la persona humana sobre toda obra terrena, así como la afirmación de la interdependencia entre los derechos humanos, la libertad, la práctica de la democracia con equidad y la vigencia de un orden natural sin el cual, aquellos y éstas, serían letra muerta.

Ya lo dice Mayor, con verbo entusiasmado: «Paz, desarrollo y democracia forman un triángulo interactivo. Sin la democracia no hay desarrollo duradero: las disparidades se hacen insostenibles y se desemboca en la imposición y el dominio»[90]. Se desemboca en la violencia, diríamos nosotros, que, por lo arbitrario de sus dictados no es otra cosa que ausencia de la paz. En su complejidad como noción, hemos de admitir que la paz responde a una necesidad humana sustancial y, por ello mismo, es susceptible de ser definida como derecho humano. Si se quiere, como lo alega con lucidez Uribe-Vargas, es *derecho humano síntesis* [91], mas no una caricatura de los derechos, según afirmara algún experto durante la reseñada Consulta de París. Sin la paz no existen los derechos humanos. Sin la paz no sólo reina la violencia, antes bien se degrada la obra humana y la vida pierde su carácter trascendente. Es la paz una aspiración como lo son todos los derechos humanos, sin que por ello dejen de ser tales, pues se conquistan cotidianamente y cotidianamente se ven limitados o frustrados en su total realización.

Para la genuina cultura occidental y cristiana - ya lo hemos visto - esta idea de la paz como inherente al ser humano y constitutiva de un derecho humano fundamental, no admite vacilaciones en su alegación. La vida sólo se entiende, en el plano de lo racional, cuando es algo más que mera subsistencia física, puesto que, si ésta, la vida, es presupuesto necesario, requiere, para ser vida humana, de la vida espiritual y de la vida de relación.

Según el testimonio de la Iglesia Católica - debemos repetirlo hasta la saciedad - "el respeto y el crecimiento de la vida humana exigen la paz... La paz —según observa el Nuevo Catecismo- no se puede obtener sobre la tierra sin la salvaguarda de los bienes de las personas, la libre comunicación entre los seres humanos, el respeto a la dignidad de las personas y de los pueblos, la práctica asidua de la fraternidad"[92]. Bástenos con apreciar, en cuanto a lo dicho, que "en todos sus niveles, el orden de la vida, de toda vida, tiene como evidente objetivo, aunque a veces no se cumpla, su plena y completa realización [; y así,]... se destaca como norma básica de la Ley Universal, en su aplicación al hombre, la de *no matar* (Mt.5,21), que, expresada en otros términos, significa: «Debes respetar la vida humana» como uno de los mayores bienes del orbe"[93].

Para la UNESCO - *alma mater* de todas las culturas - proclamar el derecho humano a la paz y defender ante sus miembros la necesidad de su urgente cristalización, responde a un imperativo de base: Si la paz significa diversidad cultural, conciencia crítica, prevención como facultad distintiva de lo humano, es evidente que deben garantizarse los intangibles: esos recursos sin los cuales el hombre apenas sería especie biológica [94]; debe proveerse lo necesario, en suma, para que el rostro humano aparezca en la ordenación de todos los bienes terrenos, porque el hombre es "centro y cima de todos ellos" (Gs,12)[95].

En cierto modo, con lo dicho parece coincidir Pérez Luño, cuando escribe que "la guerra podría considerarse como un intermitente retorno a la barbarie ancestral en la que el progreso no sucumbe gracias a esa Providencia divina, que en Vico anticipa la *astucia de la razón* (*die list der Vernunft*) hegeliana. De aquí el peligro constante de autodestrucción que gravita sobre la especie humana, y el ineludible compromiso de quienes apuestan por la supervivencia de coadyuvar al providencialismo y a la astucia racional para evitar la hecatombe"[96].

VI

La calificación y el reconocimiento de la paz como derecho humano y fundamento de la cultura de paz, tiene antecedentes de especial significación dentro el ámbito jurídico internacional. Tantos, que bien podría sostenerse el bizantinismo o la inutilidad de un debate como el que planteó la Consulta Internacional de París. Se citaron *supra* algunas disposiciones de tratados y declaraciones diversas que ya dan cuenta de la relación sustancial entre la paz y la vigencia de los derechos humanos, la cual no se reduce a una mera vinculación del continente con su contenido. Es imprescindible subrayar, sin embargo, que la paz ha sido objeto de una específica y progresiva <<juridificación>> que le confiere, además, contextura propia. Mejor aún, ha sido descrita como un derecho humano fundamental, si bien su portada y contenido no han sido lineales en el curso de los años.

Hasta el presente y en tanto que propósito de las Naciones Unidas (1945/1949)[97], a la paz se la ha descrito como orden social (1948)[98]; como garantía principal y también como ideal (1965)[99]; como objeto del derecho a la educación (1966)[100]; como desideratum de la seguridad internacional y de sus medidas *efectivas* (1970)[101]; como antípoda del crimen internacional de agresión (1974)[102]; como bien *indivisible* e inseparable de la seguridad (1977/1978)[103]; como derecho inmanente de toda nación y todo ser humano (1978)[104]; como aspiración de la Humanidad, derecho sagrado de los pueblos y obligación de los Estados (1984)[105]; como *elemento esencial* del derecho al desarrollo (1986)[106]; como objeto de la educación en la esfera de los derechos humanos (1995)[107]; y, finalmente, como razón de una nueva cultura sustitutiva de la cultura de guerra y violencia dominante (1998)[108].

En la caracterización de la paz como derecho humano debe mencionarse - como lo hicimos *supra* - la norma del artículo 28 de la Declaración Universal de Derechos Humanos (1948), que prevé el *derecho de toda persona a un orden* social e internacional "en el que los derechos y libertades proclamados... se hagan plenamente efectivos". Aparentemente, los hacedores de este orden social y, por ende, destinatarios del mandato contenido en la Declaración, serían los Estados y la comunidad internacional. En su respectivo núcleo, el derecho a la paz, concebido como orden, de suyo deriva en derecho humano *colectivo*, difuso, carente de inmediatez en cuanto a su realización. Por consiguiente, para concretarse su irrespeto habría de mediar una relación directa con el incumplimiento de otro derecho humano específico, que haga parte de aquellos indispensables para el sostenimiento del comentado <<orden de la paz>>: V.gr. el derecho de toda persona a un recurso expedito y sencillo, capaz de ampararle en el ejercicio de sus derechos fundamentales, civiles y políticos, económicos, sociales o culturales.

En la Declaración sobre el fomento entre la juventud de los ideales de paz, respeto mutuo y comprensión entre los pueblos, de 1965, se prescribe la obligación de los Estados y el cometido de la UNESCO en cuanto al *deber de educar a la juventud* en el espíritu de la paz [109]. El derecho a una educación para la paz sería, en tal sentido, la contrapartida de dicha prescripción, cuya naturaleza le reduce a una obligación de hacer de efectos mediatos y de cumplimiento diligente. Dicho derecho se encuentra reforzado, como derecho a la educación, por el artículo 13 del Pacto Internacional de Derechos Económicos, Sociales y Culturales (1966) cuyo texto dispone que "la educación *debe capacitar a todas las personas para participar* efectivamente en una sociedad libre, favorecer la comprensión, la tolerancia y la amistad..., [e igualmente] promover las actividades de las Naciones Unidas en pro del mantenimiento de la paz".

El contenido del derecho a la educación, según los términos del indicado Pacto, es compatible con la concepción integral y dualista que, como criterio práctico, asumió la Carta de San Francisco, es decir: (a) Aseguramiento de la *paz positiva*, en tanto que disposición personal y social a la tolerancia y al favorecimiento de la amistad entre todas las naciones y entre todos los grupos, sin discriminaciones; y, (b) garantía de *la paz negativa*, expresada en el concurso de los mecanismos de seguridad colectiva internacional competentes para el mantenimiento de la paz externa y funcional entre los Estados.

En la Declaración sobre la preparación de las sociedades para vivir en paz (1978), la paz adquiere, por vez primera, su plena contextura como derecho humano, individual y colectivo, al disponerse que "toda nación y todo ser humano, independientemente de su raza, convicciones, idioma o sexo, tiene el *derecho inmanente a vivir en paz*"[110].

De cara al propósito para establecer, mantener y fortalecer una paz justa y duradera, la Declaración fija diversos principios ordenadores de la paz, dentro de los cuales cita el respeto a los "demás derechos humanos"[111] correlativos, es decir, los derechos civiles y políticos, económicos, sociales y culturales reconocidos. Los obligados al respeto de los señalados derechos, por razones obvias y a tenor de lo establecido en los mismos Pactos Internacionales sobre la materia, son esencialmente los Estados y, de manera subsidiaria, también los individuos, por razón de los deberes que les incumben frente a los otros individuos y ante la colectividad de la que formen parte. Nada dice la Declaración, sin embargo, sobre el eventual vínculo entre los *otros* principios enunciados por la misma y el señalado derecho a vivir en paz, si bien se les menciona a propósito de éste.

Estos otros principios, en orden enunciativo, tienen que ver ora con la seguridad del orden (e.g. la proscripción de la guerra de agresión y su propaganda, el respeto a la soberanía e integridad territorial de los Estados, la eliminación de la amenaza de la carrera de armamentos, el desestímulo tanto del colonialismo y de sus prácticas como del *apartheid* o la promoción del odio y de los prejuicios entre los pueblos, etc.), ora con la cooperación para la paz (política, económica, social y cultural), cuya realización se sitúa, inexorablemente y dada la esencia de los compromisos que aquellos involucran, dentro de los deberes que corresponden primordialmente a los Estados [112].

La Declaración anterior establece, por otra parte, como medios para la consecución de los cometidos a que se contraen sus principios, un conjunto de tareas que, afortunadamente, dicen más en cuanto al criterio *supra* mencionado de la *paz positiva* y de su cristalización. Así, se insta a los Estados a respetar los derechos constitucionales y la función integradora de la familia y de otras sociedades intermedias, facilitando la cooperación entre éstas y favoreciendo, al respecto, la implementación de políticas pertinentes, que incluyan la consideración de los procesos educativos y el valor inestimable de la información [113].

En cuanto a este último aspecto, no se olvide que los editores y los directores de diarios de América Latina, reunidos en Puebla (México, 1997) bajo los auspicios de la UNESCO, declararon que "la armonía interna en las sociedades y el entendimiento pacífico entre las naciones demandan transparencia informativa y de opinión, para superar las diferencias y construir los acuerdos". De ahí deriva, exactamente, el sentido y la relación que con la ética de la paz y de la democracia tiene la protección del llamado derecho a la información (veraz) de los ciudadanos.

En 1984, la Asamblea General de la ONU, adoptó una nueva Declaración, esta vez sobre el *Derecho de los pueblos a la paz*[114], que bien podría interpretarse como regresiva en cuanto a los alcances de la precedente Declaración de 1978. La referencia exclusiva a los *pueblos*, vocablo jurídico internacional propio del mundo en desarrollo y acogido por el Pacto Internacional de Derechos Civiles y Políticos al referirse al derecho humano a la autodeterminación (Artículo 1°), fortalece, por una parte, el vínculo de la paz con el Bien común y con el hombre-ciudadano; mas, diluye, por otra parte, la relación de la paz con el hombre-individuo, que es la que le otorga a la paz, justamente, su dimensión personal y su carácter moral.

Esta Declaración, al postular el *derecho sagrado* de los pueblos a la paz y fijar la obligación de los Estados en cuanto a su realización, destaca el interés por asegurar el desarrollo de políticas públicas orientadas a prevenir "una catástrofe mundial nuclear"[115]. La circunstancia de que los destinatarios de este derecho difuso no sean, en lo puntual, todos y cada uno de los seres humanos, en adición a los Estados; el que las obligaciones de cumplimiento correspondan sólo a éstos; y que, en el mismo renglón, las políticas reclamadas por la Declaración estén restringidas a la parte conductual externa de los miembros de la comunidad internacional (eliminación de la amenaza de la guerra nuclear, renuncia al uso de la fuerza en las controversias internacionales y arreglo pacífico de las controversias)[116], muestra que la susodicha Declaración se apoya en una idea restrictiva de la paz, como *paz negativa*, y en la visión según la cual el tema de la paz es materia reservada a la gestión colectiva de las sociedades políticamente organizadas, es decir, los Estados [117].

VII

La UNESCO, de concierto con la Universidad de Las Palmas y el Instituto Tricontinental de la Democracia Parlamentaria y de los Derechos Humanos, celebró, en febrero de 1997, un primer encuentro de expertos para discutir, de manera abierta y sin prevenciones, la propuesta de Mayor Zaragoza sobre el derecho humano a la paz como fundamento de la cultura de paz. En su declaración final, los expertos hicieron ver que "el mantenimiento y el restablecimiento de la paz entre los Estados y al interior de éstos, encuentran obstáculos - a la vez - políticos, económicos, sociales y culturales, que conviene superar a través de *medidas apropiadas*, especialmente *de carácter ético y jurídico*"[118].

Lo que es más importante, al reconocer que "todo hombre tiene un derecho a la paz que es inherente a su dignidad de persona humana", estimaron que "la puesta en práctica [de un derecho de esta naturaleza] exige que los deberes correspondientes sean asumidos de manera plural por los individuos, los Estados, las organizaciones internacionales y todos los demás actores de la vida en sociedad"[119]. La indivisibilidad de la paz –bien lo dice Mohammed Bedjaoui- tiene como corolario "la solidaridad de todos los actores del juego social concebido en su dimensión cosmogónica"[120].

En acuerdo con lo anterior y por iniciativa del mismo Director General de la UNESCO, un grupo de profesores y expertos reconocidos - **Karel Vasak** (Francia), **R.Ben Achour** (Túnez), **A.Eide** (Noruega), **H.Gros-Espiell** (Uruguay), **R.Ranjeva** (India/CIJ), **E.Roucounas** (Grecia), **A.A.Cançado-Trindade** (Brasil/CIDH), **E.Zenghi** (Italia), **J.Symonides** (Polonia/UNESCO) y **A.Aguiar** (Venezuela) - asumió la tarea de redactar el Proyecto de Declaración Universal sobre el *Derecho Humano a la Paz*, siguiendo las orientaciones del Encuentro de Las Palmas y ayudados por el lúcido anteproyecto del Profesor **Vasak**. La sesión respectiva se realizó en Oslo, en la sede del Instituto Noruego de Derechos Humanos, dependiente del Senado de la Universidad de Oslo, en junio de 1997.

El proyecto de Declaración conocido como la "Declaración de Oslo"[121], y la versión luego revisada por Federico Mayor ("Proyecto Mayor")[122], enuncian los antecedentes normativos internacionales de la relación inescindible entre la paz y los derechos humanos, y destacan - en lo particular el "Proyecto Mayor" - que la ausencia de la paz "perjudica gravemente el respeto de la vida humana, la dignidad y la puesta en práctica de todos los derechos humanos"[123]. Una y otra, seguidamente, levantan toda su ingeniería normativa sobre un concepto matriz: **"La paix, bien commun de l´humanité, est un valeur universelle et fondamentale à laquelle aspirent tous les êtres humains et tous les peuples et en particulier la jeunesse du monde"**[124].

Visto, entonces, que el respeto a la vida convoca naturalmente y desde lo íntimo de la conciencia a todo el Género Humano, al margen de las diversas conductas antropológicas que éste haya asumido en el curso de su existencia; y, siendo que la paz, por ello mismo, se le impone como necesidad legítima al hombre y a todos los hombres, ella es, en consecuencia, susceptible de ser formalizada como norma de conducta, cuando menos en el ámbito de lo moral. Toda *necesidad* humana esencial da lugar, en efecto, al derecho o a los derechos que permitan su satisfacción. De manera que, el presupuesto del que arrancan los textos comentados –la "Declaración de Oslo" y su versión revisada- están revestidos de una lógica impecable. Los dos, en efecto, declaran la existencia de un derecho humano a la paz que sirve de fundamento al arbitrio de las vías y recursos capaces de superar, como reclamo impostergable de la dignidad humana, los obstáculos que actúan como fuentes primarias de la violencia: Las disparidades sociales, la situación de los sectores vulnerables de la población, las exclusiones, la ausencia de educación y de participación política democráticas, el armamentismo y, en general, las violaciones masivas y sistemáticas de los derechos humanos.

Por tal motivo, el pronunciamiento de Las Palmas, sugirió distinguir entre las medidas de carácter ético, carentes de fuerza vinculante externa, y las medidas jurídicas, sólo viables mediante el concurso expreso del voluntarismo estatal o interestatal, según los casos [125]. La "Declaración de Oslo", en línea con esta apreciación, al consagrar el derecho a la paz y prevenir sobre sus requerimientos morales y prácticos, enuncia, por ello mismo, tanto el marco conceptual cuanto los medios y las medidas de uno u otro género que deben ser dictadas para su aplicación: "Medidas... , de carácter constitucional, legislativo y administrativo, en los planos económico, social y cultural, y en las esferas de la enseñanza, la ciencia y la comunicación..."[126].

Esta distinción no peca de trivial. En efecto, recuérdese con Kelsen (1881-1972) que "el Derecho - en su versión unidimensional normativa - proporciona sólo una paz negativa...". Si la solución de los problemas que ésta plantea se considera estrictamente política y regulatoria, la paz, en tanto que situación en la que no existe el uso de la fuerza, deriva, ciertamente, en una tarea de carácter estrictamente técnico [127].

En el "Proyecto Mayor", por cierto, se descargan los considerandos que en la "Declaración de Oslo", dada su propensión al tratamiento de los perfiles jurídicos del derecho a la paz, constatan la necesidad de establecer medidas apropiadas dentro del contexto de la Declaración Universal de 1949, de los Pactos Internacionales de 1966 y concertadas entre los distintos actores sociales (Estados, organizaciones internacionales, ONG´s e individuos, entre otros) para superar los obstáculos que dificultan el mantenimiento y el restablecimiento de la paz entre los Estados [128]. No por ello, sin embargo, obvia lo que es indispensable, central y común *mutatis mutandi* tanto a éste como al proyecto original de la Declaración: **"Tout être humain a le droit à la paix qui est inhérent à sa dignité de personne humaine "**[129].

La paz es considerada por la "Declaración de Oslo" como un derecho y como un deber. Como tal derecho, inherente a la persona humana, es susceptible de delimitación mediante el conocimiento de las modalidades que pueden contravenirle: *"La guerra y cualquier forma de conflicto armado, la violencia en todas sus formas y cualquiera sea su origen, así como la inseguridad de las personas son intrínsecamente incompatibles con el derecho humano a la paz"*. En consecuencia, **"le droit de l´homme à la paix doit être garanti, respecté et mis en oeuvre sans discrimination..."**[130].

Se entiende, obviamente, que el reconocimiento del *derecho humano a la paz*, en la idea de los proyectistas de la Declaración, tiene lugar con la proclamación y adopción de ésta; siendo potestad de los Estados y de los otros miembros de la comunidad internacional con capacidad de autodeterminación, conforme a lo señalado *supra*, disponer las *medidas apropiadas* y de contenido jurídico tendentes a cristalizar los objetivos indicados. De manera específica, la

Declaración llama a los Estados para "promover y fomentar la Justicia Social tanto en su territorio como en el plano internacional, en especial mediante una política adecuada encaminada al desarrollo humano sostenible"[131], en forma tal de que puedan cauterizarse las fuentes subyacentes de la violación de la paz interna e internacional.

Como deber y según los términos de la Declaración, el derecho humano a la paz compromete, igualmente, a "todo ser humano, todos los Estados y los otros miembros de la comunidad internacional, y todos los pueblos"[132]. Es decir, todo actor social tiene, cuando menos, la obligación de *contribuir* en las tareas de prevención, mantenimiento y construcción susceptibles de promover la paz y evitar tanto los conflictos armados como cualesquiera otras formas de violencia. "Les incumbe en particular favorecer el desarme y oponerse por todos los medios legítimos a los actos de agresión y a las violaciones sistemáticas, masivas y flagrantes de derechos humanos [pues] constituyen una amenaza para la paz"[133].

Sin renunciar al principio básico, que afirma la existencia del derecho de todo ser humano a la paz en tanto que fundamento del compromiso de "erigir cada día, mediante la educación, la ciencia, la cultura, la educación y la comunicación, los baluartes de la paz en la mente de los seres humanos"[134], el "Proyecto Mayor", por su parte, cuida prevenir sobre el objetivo que interesa a la UNESCO en esta materia y que justifica la iniciativa de una Declaración Universal al respecto:

"Afirmar los valores comunes de la cultura de la paz y darles base jurídica"[135].

La versión revisada de la "Declaración de Oslo" es manifiesta en cuanto a su intención de no establecer obligaciones vinculantes para los Estados. De allí el contenido escueto de sus párrafos y la forma meramente declarativa y principista que asume en su texto la proclamación del derecho humano a la paz. No desestima, eso sí, su finalidad en cuanto a <<asegurar>>, mediante un consenso de ideas, la adhesión de todas las culturas en torno a los ideales de la Constitución de la UNESCO. Y, por virtud de tal compromiso, favorecer "que las religiones, cuyo fundamento es el amor, no [nos lleven] al enfrentamiento y al odio, y que las ideologías, en la libertad de expresión y de participación, [estén] al servicio de la democracia y no de la dominación, de la imposición y de la fuerza"[136].

Aquella, que sirvió de soporte o material de trabajo para la Consulta Internacional de París, luego de definir la razón de la cultura de paz declara que el derecho a la paz "constituye [su] fundamento..."[137]. Dentro de este contexto, apenas se limita a formular un *llamado* a *todos* los actores sociales para que promuevan y apliquen el derecho de todo ser humano a la paz, por ser el mismo "fundamento de una verdadera cultura de paz"[138]. En cualquier hipótesis, si bien evita, por las razones enunciadas, toda especificidad acerca de las formas diversas de agresión o las otras modalidades señaladas por el derecho internacional como atentatorias contra la paz, la versión revisada de la Declaración de Oslo no deja de mencionar de modo general y a título de principios ordenadores, que (a) la violencia en todas sus formas es incompatible con el derecho humano a la paz; y, (b) que las desigualdades, la exclusión y la pobreza pueden aparejar violaciones de la paz internacional e interna, que obligan a la promoción de la Justicia Social y el desarrollo humano sostenible [139].

La aproximación y el enfoque que le da el "Proyecto Mayor" al derecho humano a la paz son, a fin de cuentas, los más adecuados a los objetivos institucionales de la UNESCO. Además, se sitúan dentro del mismo riel de evolución de la Declaración Universal de 1948 en su relación con los Pactos Internacionales de 1966. Recuérdese que la primera apenas enunció los derechos humanos reconocidos para la época. A los segundos, casi veinte años después, les correspondió definir el núcleo de los respectivos derechos y de las obligaciones a cargo de los Estados, de las organizaciones internacionales y no gubernamentales y de los individuos, con vistas a garantizar y asegurar, en el orden interno e internacional, el respeto de los derechos proclamados.

VIII

En lo atinente a la caracterización de la paz como *aspiración* y como *valor* universal, hubo plena coincidencia entre las apreciaciones de los Jefes de Estado y de Gobierno [140] y las de los expertos reunidos en la Consulta de París [141]. Su definición como *bien común de la Humanidad* no fue motivo de controversia específica, quizá por la poca influencia que tal noción, de señalada raigambre <<comunitaria>>, podría tener - según el juicio de alguna tendencia positivista - en la conformación *asociativa* de un derecho humano a la paz con incidencias jurídicas y metamorales [142]. Sin embargo, a partir de esta coincidencia inicial de criterios sobre el contenido de la Declaración de Oslo y de su versión revisada, tiene lugar el subsiguiente divorcio entre quienes rechazan o apoyan, sin más reservas, el reconocimiento de la paz como derecho humano fundamental o quienes, matizando sus discursos, atribuyen a ésta la categoría de un mero *deber ser*.

Cabe destacar que, con anterioridad a la Consulta de París, la Representación de Luxemburgo ante la UNESCO y el

Secretario de Estado para Asuntos Extranjeros de Suiza, adelantaron sus observaciones al proyecto de Declaración sobre el derecho humano a la paz. Luxemburgo, incluso antes de celebrarse la 29° Conferencia General de la Organización, destacó que la paz es tarea de los Estados y no de las personas, lo cual haría imposible otorgar un derecho de este tipo como legal (sic). Agregó, además, que las menciones a las dificultades económicas, desigualdad, exclusión y pobreza contenidas en el Proyecto de Declaración pertenecían al denominado derecho al desarrollo [143].

Suiza, por su parte, asintió sobre la necesidad de clarificar algunos puntos de vista sobre el tema de la paz que juzgó de *importancia mayor*, y en razón de lo cual hizo constar su deseo de encontrar una línea común entre los Estados antes de que se adoptase el texto de la Declaración *in comento*. A manera de ejemplo, se preguntaba la Secretaría de Estado suiza si la paz ¿ acaso no toca el dominio reservado de la Asamblea General de la ONU ? Igualmente, advirtió sobre una ausencia de precisión en cuanto al contenido, portada y consecuencias del pretendido derecho a la paz, y acerca de la forma en que se podría hacer efectivo dicho derecho, sobre sus relaciones con los demás derechos humanos ya reconocidos, y sobre las consecuencias que tendría una Declaración de esta naturaleza para el mismo sistema de protección y de garantías internacionales e internas [144].

El escenario planteado por estas interrogantes y la conveniencia de despejarlo en términos absolutamente

constructivos, reafirmó, indiscutiblemente, la validez y oportunidad de la Consulta propuesta por la Conferencia General de la UNESCO, así como el esfuerzo de adaptación del proyecto original de la "Declaración de Oslo", que en buena hora hizo el Director General de la UNESCO, Federico Mayor [145].

En general, los representantes de los países que durante el curso de los últimos cincuenta años fueron víctimas del antagonismo Este-Oeste y, junto a éstos, buena parte de los preteridos de la comunidad internacional contemporánea, manifestaron, apoyados en sus particulares experiencias nacionales, un admirable y militante apoyo a la Declaración de Oslo, en su versión revisada. Otro tanto hicieron Portugal y la mayoría de los expertos de Europa oriental y de las nuevas repúblicas nacidas del desmembramiento soviético. Al constatar esto, salvamos algunas sugerencias particulares, como las de Brasil, Chile o Perú, en el caso de América Latina, que admitiendo la viabilidad del proyecto hicieron valer algunos argumentos coincidentes, de manera parcial, con los esgrimidos por quienes rechazaron durante la Consulta la iniciativa de la UNESCO[146]. Brasil consideró que la proclamación del derecho humano a la paz, si procedente debe cuidarse de no invadir las áreas de competencia del Consejo de Seguridad y tampoco incorporar la violencia o las perturbaciones internas dentro de los supuestos de vulneración de la paz. Chile, a su vez, recomendó actuar con prudencia en la creación de nuevos derechos humanos, en tanto que, Perú, sugirió sustituir la denominación <<derecho

humano a la paz>> por otra menos polémica, que pudiese satisfacer el requerimiento común de fundamentar el Proyecto Transdisciplinario de Cultura de Paz.

Los países árabes, en lo especial, demandaron la mención en el proyecto de las formas varias y específicas de violencia (agresión, ocupación de territorios, asistencia a grupos armados, bloqueo y sanciones económicas, etc.) de las que han sido o son víctimas por obra de sus <<enemigos>>, que les niegan - en el dicho de estos expertos - conocer la paz, menos todavía aproximarse a la misma como derecho fundamental e inalienable de los pueblos. Israel, antes que oponerse a la iniciativa del derecho humano a la paz y luego de aplaudir las acciones de la UNESCO en el Medio Oriente, manifestó su firme voluntad de propiciar un consenso alrededor del proyecto de Declaración.

Por lo demás, a lo largo del debate suscitado por la Consulta, este amplio espectro de países acuñó conceptos o expresiones de verdadera significación, en modo de propender al mejoramiento del texto del proyecto o contribuir al debate de sus aspectos neurálgicos: La declaración –en opinión de estos expertos- expresa un enfoque intelectual y ético, no es una proposición jurídica y vinculante (Uruguay); es una declaración de principios con un peso moral equivalente a la Declaración Universal de 1948 (Benin). Responde a las competencias de UNESCO, pues no debe olvidarse que el hombre está en el centro de sus preocupaciones en todo cuanto tiene que ver con la paz (Madagascar) y, como lo dijo

Mayor en su discurso inaugural, es propósito compatible con la misión ética de la organización sustituir el circulo vicioso de la fuerza y de la dominación por un círculo *virtuoso*, interactivo, que llene el vacío humano de las abundantes declaraciones y resoluciones internacionales que se refieren a la paz. A este fin, el experto de Gabón mencionó que es necesario tener en cuenta la trilogía paz, justicia y democracia y, de la misma manera, la relación entre la democracia y los derechos humanos como fundamento de la paz (Portugal).

La paz –agregaron los expertos gubernamentales- no es un concepto abstracto, es un requisito para la vida de toda persona. Hay que preguntarse, antes de hablar del derecho a la paz, si estamos dispuestos a pagar el precio de la paz ante la amenaza de la uniformidad y el descuido de la justicia y el desarrollo, que son los pilares de aquella (Irán). No se puede hablar, en efecto, de derecho humano a la paz en un mundo amenazado por la agresión y por las violaciones flagrantes de derechos humanos (Siria). La paz es un derecho dinámico (El Salvador), se articula con la Declaración Universal para servir de marco ético a la promoción de la paz. Y, por ello mismo, es un derecho y no un nuevo derecho (República Dominicana). Es, en esencia, un derecho humano síntesis, porque condiciona el respeto de los otros derechos humanos (Colombia); ..."c´est [le droit de l´être humain à la paix] **la construction des valeurs éthiques comme des défenses et non la destruction par les armes suivie d´une reconstruction garantie par un contingent des casques bleus"** (Benin). El derecho humano a la paz, en resumen, es

67

parte de los derechos de solidaridad y no se puede concebir sin el derecho al desarrollo, además de que es necesario para el disfrute de los otros derechos (Senegal) y viceversa. Tanto que, a manera de ejemplo, siendo la pobreza una de las razones de la violencia, su eliminación es condición para la paz (Zimbabwe), en otras palabras, el desarrollo contribuye a la consolidación de la paz (Brasil).

IX

Durante la Consulta de París, expresaron sus reservas al reconocimiento del derecho humano a la paz buena parte de los expertos de los países miembros de la Unión Europea, en particular los de Gran Bretaña -recién incorporada como miembro de la UNESCO- , Alemania, Francia, Suiza e Italia, a la cual se sumaron el representante de Japón y otros de los países nórdicos [147]. Salvo determinadas frases poco acertadas y nacidas de la misma dinámica de la Consulta, hemos de reconocer que los argumentos esbozados por dichos expertos concitaron un debate de verdadera significación histórica, por el contenido insólito de sus revelaciones. Durante el desarrollo de la Consulta afloraron las razones y sinrazones de quienes, diciéndose no totalmente convencidos de la <<juridicidad>> del proyecto de Declaración, hicieron manifiesto, antes bien, el arraigo creciente del credo neoliberal y del neorrealismo político en los escenarios de dirección de los países aludidos[148].

La principal reserva sobre el proyecto, esgrimida por Finlandia, atacó lo fundamental y común a las dos versiones de la "Declaración de Oslo": *El concepto de derecho humano a la paz*. Para el experto finés, si fácil puede resultar la proclamación del aludido derecho, no existe consenso posible sobre su contenido; por lo cual prefería hablar de aspiración a la paz y no de derecho. El experto francés, quien a la sazón fuera co-redactor del Proyecto de Pacto de Derechos de la Tercera Generación [149], para sorpresa de todos reconvino sobre los riesgos que - en su juicio - aparejaba una declaración sobre el derecho humano a la paz, por capaz para debilitar y trivializar la aplicación de los derechos humanos existentes y por tratarse de una noción carente de tal contexto en la Carta de San Francisco. El representante de Italia, en su honesta búsqueda de una fórmula de avenimiento, insistió con firmeza en el carácter ético de la paz, lo cual impedía derivar de ella alguna categoría jurídico formal; tanto más cuanto que, según su opinión, el derecho común alude a las personas <<morales>> en oposición al individuo y a sus derechos personales. Quizá intentó decir, para no decirlo, que en apego al credo natural clásico, superado por las circunstancias de la globalización, la *moral social* deja de existir y regresa a ser, como lo es en la moral kantiana, <<moral íntima e individual>>.

Las alegaciones más extremas de cuestionamiento al objeto de la Consulta de París se situaron en la óptica de quienes denuncian la incompetencia de la UNESCO para el abordaje de tareas "normativas"[150], menos aún en el campo de la paz. En el decir de los defensores de esta tesis, correspondería a las Naciones Unidas, a su Asamblea General y al Consejo de Seguridad, el manejo de este sector del ordenamiento jurídico internacional así como el establecimiento de las nuevas categorías de derechos humanos que puedan sumarse a los ya reconocidos y garantizados. En este orden, Austria, Suecia y Canadá recordaron que la UNESCO apenas debía ocuparse de tareas de difusión en el ámbito de la educación y la cultura de los derechos humanos.

El experto gubernamental japonés, luego de sostener que la paz y los derechos humanos no son conceptos interdependientes, advirtió a sus colegas de la Consulta sobre las graves implicaciones internacionales de la propuesta en consideración; siendo que, como lo había comentado el representante suizo, los *individuos* mal pueden garantizar lo que es tarea exclusiva de los Estados.

El experto de Alemania, cuyo liderazgo en el seno de los expertos euro-occidentales se hizo sentir durante el curso de la Consulta de París, fue preciso en sus alegatos de fondo. Enunció seis principios fundamentales que, a su entender, no podrían ser abandonados en la evaluación crítica del proyecto de declaración en estudio: Primero, el grado de coherencia que ésta debería tener con la Carta de Naciones Unidas y la Declaración Universal de 1948, a cuyo tenor el reconocimiento de los derechos inalienables y la dignidad inherente todos los miembros de la familia humana es el que fundamenta a la paz; segundo, la coherencia con lo dispuesto en la Declaración de Viena de 1993, que si bien reafirmó el derecho al desarrollo no hizo lo mismo en cuanto al así llamado derecho a la paz, contenido en las Declaraciones de 1978 y 1984; tercero, la distinción necesaria entre la tarea de promoción de los derechos humanos reconocidos y la incorporación de algún nuevo derecho, sobre todo si carece, como el derecho a la paz, de asidero en el derecho y la jurisdicción internacionales vigentes; cuarto, la completa concertación e integración del proyecto con el sistema de Naciones Unidas, que al adoptar la cultura de paz asignó su realización a *todos* sus órganos dentro de sus respectivas competencias, correspondiéndole a la Asamblea General adoptar la Declaración que servirá de fundamento al programa de cultura de paz; quinto, su consistencia con los procedimientos establecidos por la misma UNESCO, que al no haber adoptado su 29° Conferencia General el proyecto de la "Declaración de Oslo" y, habiendo sobrevenido el mandato de la Asamblea General de Naciones Unidas en cuanto a que se le presente una Declaración fundamentando la Cultura de Paz, mal podría aquella pronunciarse aisladamente sobre ésta; y, sexto: el reconocimiento del principio del consenso, que se abrió campo en el ámbito de los derechos humanos luego de la Conferencia de Viena de 1993.

A manera de corolario y en un intento para formalizar su divergencia sostenida con el propósito de la Consulta, virtualmente finalizada con un consenso crítico, el Reino Unido, en defecto de este logro de contenido parcial, consignó un proyecto alternativo de Declaración que, repitiendo los demás considerandos y normas dispositivas del "Proyecto Mayor", elimina de él toda referencia al derecho humano a la paz. En el mismo se dice, al efecto que: **"The aspiration of every human being to peace and respect for human rights constitute foundations of the culture of peace"**[151].

El texto del consenso alcanzado por la Consulta Internacional de París, en verdad, no alcanzó a despejar la pregonada antítesis entre la tendencia que reconoce a la paz como derecho inherente a la dignidad de la persona humana y la que le atribuye el carácter de mera aspiración, realizable dentro de un orden de seguridad cuyo mantenimiento correspondería a los Estados y a la comunidad internacional organizada. Sin embargo, de manera oblicua el consenso citado reforzó, eso sí, la validez del "Proyecto Mayor", descubriendo las motivaciones distintas y subyacentes de la oposición a su contenido y vigencia.

El Comité de Redacción de la Consulta fijó un criterio tolerado a disgusto por los europeos occidentales, en lo particular por Alemania, Gran Bretaña, Francia e Italia, y nada satisfactorio pero aceptado a regañadientes por los defensores del proyecto de Declaración sobre el derecho humano a la paz. El texto del *corrigendum*, emanado de la Consulta sin acuerdo sobre su título y faltándole la parte II (artículos 1 y 2) de sus dispositivos, sancionó lo siguiente: **"L'engagement en faveur de la paix est un principe général, dans l'esprit de l'article 38,1,c du Statut de la Cour Internationale de Justice, qui est inhérent à la personne humaine et qui**

constitue avec le respect de tous les droits de l'homme le fondement de la culture de la paix. Ce principe doit être reconnu, respecté et mis en oeuvre sans discrimination aucune, tant au plan interne qu'au plan international"[152].

El ilustre experto del Uruguay, Embajador Héctor Gros Espiell, co-redactor de la Declaración de Oslo, fue respetuoso y, en todo momento, firme favorecedor del consenso durante la Consulta Internacional. Pero, en legítima expresión del sentimiento <<mayoritario>> de los expertos gubernamentales entre quienes se contaba el autor de estas apuntaciones, no pudo obviar una emocionada y legítima protesta final que recogemos *in extensu* como testimonio de gratitud a este incansable forjador de la paz humana:

"El Comité –apreció Gros- ha hecho el mayor esfuerzo para poder llegar a la elaboración de un texto, es decir, de un proyecto de Declaración. Ha obtenido, sobre la base de un difícil y frágil consenso, un resultado que hoy está sometido al plenario de la Reunión de Expertos Gubernamentales. Quiero rendir un homenaje al Relator y Presidente del Comité de Redacción,..., que con devoción e inteligencia dirigió nuestros trabajos...El Uruguay acompañó, con reticencias, en el Comité de Redacción, ese consenso...Pero no puede ocultar que hubiera preferido –y sigue prefiriendo- una Declaración que proclame el Derecho Humano a la Paz. Esta proclamación vendrá. El camino está abierto. No se puede ir contra la opinión pública internacional, ni contra el progreso moral y ético de la Humanidad. Así como nada pudieron los que se horrorizaban ante el sacrilegio de la Declaración de 1789, ni los que entre 1946 y 1948 trataron de evitar la Declaración Universal de 1948, ni los que pretendieron negar el carácter jurídico de los derechos económicos, sociales y culturales, ni los que se debatieron contra el derecho al desarrollo, nada podrán ahora esas mismas mentes, que no miran hacia el futuro, ... Me enorgullezco de la actitud progresista de América Latina. Nuestra América, sin complejos ni miedos, ha iluminado intelectualmente el debate y ha señalado el camino. La antorcha que ha esgrimido aclara una senda que de manera ineludible y necesaria, conducirá en un futuro no lejano a la Declaración del derecho del ser humano a la paz, a la defensa activa de la paz integrada en la idea de Justicia y a la condena de todas las formas inmorales de fomento de la guerra..." [153].

Sin perjuicio de lo anterior, el consenso demostró, a fin de cuentas y, según su propio texto, que "la paz es inherente a la persona humana"; de donde se sugiere y admite la existencia de una necesidad que, como tal, postula derechos y es susceptible de descripción normativa. Tanto que, unos y otros expertos aceptaron que la misma, cuando menos, es un principio general de derecho y, por ello, fuente de obligaciones jurídicas a tenor de lo prescrito en el Estatuto de la Corte de La Haya y en las interpretaciones reiteradas de la doctrina internacional. Es también la paz, como principio de Derecho y según reza el consenso, "fundamento de la cultura de paz" y, en consecuencia, tal principio "debe ser reconocido, respetado y puesto en práctica". Siendo de esta manera, entonces, mal se puede como se hizo cuestionar el valor prescriptivo de la paz, que tampoco es incompatible con su esencia de aspiración o predicado moral. Además, su realización ha tener lugar, según lo dicho en el consenso, "tanto en el plano interno como en el internacional", con lo que también se conviene en que la ruptura de la paz puede tener lugar por causas endógenas y exógenas que no se circunscriben al ámbito de las relaciones entre los Estados; y ello es así, justamente, por ser la paz indivisible y, como se afirma al inicio del texto del consenso, "inherente a la persona humana"[154].

En consecuencia, podría preguntarse cualquier analista avisado ¿ por qué, siendo todo esto así, no se dijo o quiso decir en la Consulta lo que resulta, obviamente, de los postulados anteriores ? ¿ Por qué no se reconoció, expresamente, que *la paz es derecho humano*, si al fin y al cabo se la declaró como inherente a la persona humana y, además, fuente de derechos y de obligaciones jurídicas en su calidad de principio general de Derecho ?

A los expertos euroocidentales y nórdicos les fue difícil diluir sus reservas manifiestas en cuanto a los probables efectos <<prácticos>> e internos, más que conceptuales, del pregonado *derecho humano a la paz*. Como derecho humano, en efecto, mal hubiesen podido desconocer su universalidad, integralidad, imperatividad y validez *erga omnes*, por ser estas características comunes a todos los derechos humanos y compatibles, además, con el movimiento constitucional que les inserta automáticamente desde lo internacional hacia el derecho interno de los Estados. La incapacidad de medir los efectos inmediatos del ejercicio individual del derecho humano a la paz (V.gr. la posibilidad de requerimientos de amparo por los objetores de conciencia, o la oposición y protesta personal de los ciudadanos al comercio sostenido y creciente de armamentos por parte de los Estados, etc.) fue, justamente, en nuestra percepción, el factor desencadenante de la resistencia ejercida por quienes negaron, durante la Consulta, todo apoyo a la moción contenida en el "Proyecto Mayor".

X

Los perfiles a que se contraen estas breves páginas, de suyo contienen una respuesta más que sustancial al compendio de interrogantes y de criterios esbozados acerca del proyecto para la proclamación y el reconocimiento del derecho humano a la paz. La misma no atenúa, lamentablemente, aquellas preocupaciones implícitas(¿?) o reservadas que se alimentan de la idea <<hobbesiana>> del *estado de naturaleza*. Si algunos elementos de juicio, por vía repetitiva, valen a manera de replica personal, son los siguientes:

(1) La paz es uno de los *valores* esenciales en que se soporta el sistema internacional nacido de la última postguerra. Podría argumentarse que ella, la paz, en tanto que valor ordenador, sirve como concepto o idea para la interpretación teleológica de la dimensión normativa y de los derechos consagrados o descritos por ésta y que, como tal valor, es valor pero no derecho. La fuerza normativa de los valores ha dividido a buena parte de la doctrina jurídica interna e internacional de los Estados. Sin embargo, la propuesta de Declaración *in comento* se sitúa en un plano que debería excluir

cualquier controversia con relación a lo anterior. Desde cuando la Declaración Universal de 1948 dispuso el derecho de todo ser humano a un orden social e internacional (léase un orden de paz, justicia y libertad) en el que los derechos proclamados se hagan plenamente efectivos, la paz, como valor del ordenamiento y como expresión del mismo orden, devino *per se* en el derecho humano <<integrador>> de los demás derechos. Es, por tanto, una categoría con fuerza normativa propia, capaz de cristalizar derechos (humanos) e imponer obligaciones cuyos destinatarios son, inevitablemente, los mismos a quienes se dirigen los Pactos Internacionales de 1966.

(2) Los derechos humanos son interdependientes y así lo establece de manera categórica la referida *Declaración de Viena* adoptada por la Conferencia Mundial de Derechos Humanos de 1993[155]. No se pueden yuxtaponer o interpretar separadamente unos derechos de los otros. Unos y otros se necesitan, se complementan en reciprocidad. Y, dado el criterio interpretativo de la progresividad aceptado por la mencionada Conferencia intergubernamental, el sistema de derechos humanos no tiene carácter estanco. Es previsible y no cuestionable, de esta manera, el nacimiento de *nuevos* derechos que se agregan a los anteriores - como aconteció en su oportunidad con el derecho al desarrollo - y que al sumarse a los precedentes les refuerzan y actualizan en su sentido y finalidad. El desarrollo no puede separarse de la paz como aspiración y como derecho, de la misma manera que los

derechos políticos mal se podrían conquistar y desarrollar en un "orden" signado por la violencia.

(3) Finalmente, en cuanto a la tesis clásica que asegura como tareas propias de los Estados las relacionadas con la paz, es pertinente repetir con Boutros-Galli que una cosa es el mantenimiento de la paz, otra la prevención de la violencia y diferente cuanto exigente la consolidación de la paz [156]. Además, es un hecho, de cara a los cometidos sociales emergentes de la mundialización, el fortalecimiento de la subjetividad jurídica del individuo en el ámbito de los derechos y de las obligaciones, en especial las internacionales. Piénsese, apenas, en las iniciativas convalidadas por el propio mundo euro-occidental y norteamericano conducentes al establecimiento de los Tribunales Internacionales para la ex Yugoslavia y Ruanda [157], o también en la convocatoria de la Conferencia Diplomática que tendrá a su cargo el establecimiento de una Corte Penal Internacional [158], con vistas al juzgamiento, de acuerdo con las normas del derecho internacional, de los individuos comprometidos en actos de agresión o la comisión - entre otros -de crímenes contra la Humanidad. La ruptura de la paz, en suma, los transforma en sujetos pasivos de la acción jurisdiccional de los Estados. La lucha por la paz, ¿ acaso no reclama, a favor de los mismos individuos, la posibilidad de que tengan derecho al estadio que les prevenga en cuanto a la comisión de los crímenes por los cuales se les puede juzgar internacionalmente ? A fin de cuentas, la obligación de comportamiento <<fraternal>> de "los unos con los otros", prevista en el primer artículo de la Declaración Universal de los Derechos Humanos, se le

impone directamente a "todos los seres humanos" [...] libres e iguales en dignidad y derechos y, dotados como están de razón y conciencia.

XI

El *derecho humano a la paz*, cuyos perfiles ideológicos y normativos hemos reseñado hasta aquí, no es una neta aspiración moral o intelectual, supuestamente vacía de contenido. La paz, por inherente a la persona humana, es, indudablemente, norma de rango moral, y, a propósito de la iniciativa adoptada por la UNESCO, fundamento ético necesario de la cultura de paz. Pero, como tal derecho humano, es derecho y también avanza hacia su <<positivación>> y a la conquista progresiva de su eficacia plena. La Carta Africana de Derechos Humanos, en su artículo 23 ya postula que **"1. Los pueblos tienen el derecho a la paz (*Omissis*) tanto en el plano nacional como internacional"**. La Constitución española, en diversas disposiciones, hace de la Paz uno de sus valores esenciales. La Constitución de Colombia, quizá la más actual de sus equivalentes y a la cual hicimos mención *supra*, señala en el artículo 22 del capítulo sobre los Derechos Fundamentales que **"la Paz es un derecho y un deber de obligatorio cumplimiento"**.

La proclamación de paz, en resumen, expresa un desideratum de la más viva actualidad. Su reclamo crece en la misma medida en que la orfandad moral del hombre adquiere severas dimensiones, en proporción a las carencias igualmente demenciales que provoca la <<uniformidad>> de la globalización. Las Declaraciones de Mabako y de Maputo [159], ambas adoptadas en el curso del pasado año por los pueblos africanos, son un claro testimonio de esta tendencia ineluctable: "El derecho del ser humano a la paz es un derecho fundamental sin el cual es ilusorio el respeto de los derechos humanos"[160]; "[el] derecho de los seres humanos a la paz es un derecho inalienable, sin el cual no se puede garantizar el respeto de ningún otro derecho"[161]; dicen los dispositivos de los mencionados textos.

De cara al movimiento indetenible de la historia y en vísperas de otro milenio de la Cristiandad, la comunidad internacional americana vuelve a ser anticipadora de los desafíos universales[162]. En el preámbulo de *la Reafirmación de Caracas*, declaración final de la XXVIII Asamblea General de la OEA celebrada el pasado mes de junio, las Americas se manifestaron expresamente **"conscientes de que el afianzamiento de la democracia, la paz y el pleno goce de los derechos humanos son aspectos centrales de la agenda hemisférica y constituyen fines fundamentales de la Organización"**. Proclamaron, asímismo, **"que los ideales de paz, justicia social, desarrollo integral y solidaridad son retos permanente para nuestras democracias"**. Por lo mismo, en ocasión de conmemorarse el 50° aniversario de la Declaración Americana de los Derechos y Deberes del Hombre, los Estados miembros de la Organización de los

Estados Americanos asumieron solemnemente **"el compromiso de afirmar la profundización de una cultura de paz, desarrollo y no violencia,** *reconociendo el derecho a la paz como inalienable e inherente a la dignidad de la persona humana"*(Cursivas nuestras)[163].

> *Isaías, hijo de Amós, tuvo esta visión acerca de Judá y Jerusalen: El Señor gobernará a las naciones y enderezará a la Humanidad. Harán arados de sus espadas y sacarán hoces de sus lanzas. Una nación no levantará la espada contra otra, y no se adiestrarán para la guerra"* (Is.2,1-4)

Lomas de La Lagunita, 12 de agosto de 1998

NOTAS

1. Resolución de la Conferencia General 29C/43 aprobada por la 27° sesión plenaria, el 12 de noviembre de 1997

2. Las observaciones de los Jefes de Estado y de Gobierno enviadas a la UNESCO, antes de celebrarse la 29° Conferencia General, dieron lugar al *corrigendum* del Director General. Véase, al respecto: Consulta Internacional de Expertos sobre el Derecho Humano a la Paz. París. UNESCO. Documento de trabajo SHS-98/Conf.201/3 del 16 de febrero de 1998. Cfr. infra, textos de la Declaración de Oslo y el *corrigendum* señalado (Anexos 2 y 3).

3. Cfr. Rapport du Directeur General sur le Droit de l´être humain a la paix. Paris. UNESCO (Doc. 29 C/59 de 29 octobre 1997). Annexe II. Asimismo, Comunicación del Director General de la UNESCO CL/3479 del 23 de febrero de 1998 (Anexo I)

4. Antonio Enrique Pérez Luño. *Derechos humanos, Estado de Derecho y Constitución*. Madrid. Tecnos, 1995

5. Idem, p.501

6.   El Proyecto Transdisciplinario "Hacia una cultura de paz" fue adoptado por la 28° Conferencia General de la UNESCO, en 1995. Posteriormente, la Asamblea General de la ONU lo hizo suyo, al declararlo compatible con el Plan de Acción para el Decenio de las Naciones Unidas para la Educación en la esfera de los derechos humanos (Resolución 50/173 del 22 de diciembre de 1995)

7.   Vid. Diego Uribe Vargas. "El derecho a la paz". En la obra colectiva *Derecho internacional y derechos humanos*, editada por Daniel Bardonnet y A.A. Cançado Trindade. San José/La Haye. Instituto Interamericano de Derechos Humanos/Académie de Droit International de La Haye, 1996, pp.177-195. El anteproyecto de Pacto mencionado, en algunos de sus artículos pertinentes, reza como sigue: **Artículo 1**. Todo hombre y todos los hombres tomados colectivamente, tienen derecho a la paz, tanto en el plano nacional como en el plano internacional. **Artículo 2**. El derecho a la paz implica el derecho para todo hombre, sin discriminación alguna: i) De oponerse a toda guerra (*Omissis*); ii) Demandar y obtener, (*Omissis*) el estatuto de objetor de conciencia; iii) De negarse a ejecutar durante el conflicto armado una orden injusta que viole las leyes de Humanidad; iv) De luchar contra toda propaganda a favor de la guerra; v) Y de obtener asilo cuando la solicitud esté justificada por la persecución por actividades ligadas a la lucha por la paz y contra la guerra...(*Omissis*)"(Cfr. op.cit., pp.184-185). En este orden, para el estudio de las fuentes doctrinales del derecho humano a la paz, téngase presente el proyecto de *Declaración Universal de los Derechos Humanos de las Generaciones Futuras*, adoptado en La Laguna (Canarias, España) el 26 de febrero de 1994, cuyo artículo 11 prescribe el derecho de *"les personnes appartenant aux générations futures ... d´être épargnées du fléau de la guerre"*

8. Artículo 1,1

9. Federico Mayor. *El derecho humano a la paz*. Declaración del director general. París. UNESCO, 1997.

10. Idem, pp. 11-12

11. Consúltese, entre otras obras, a Juan Carlos Puig. *Derecho de la comunidad internacional (I)*. Buenos Aires. Depalma, 1975, pp.41 ss.

12. Arthur Nussbaum. *Historia del derecho internacional*. Madrid. Editorial Revista de Derecho Privado, 1949, pp.57 ss. y 121 ss.

13. René Coste. *Moral internacional*. Barcelona. Herder, 1967

14. Valentín Tomberg. *La problemática del derecho internacional a través de la historia*. Barcelona. Bosch, 1961, p.76

15. Michael Howard. *La guerra en la historia europea*. México. FCE/Breviarios, 1983, p.13

16. Apud. Maxime Lefebvre. *Le jeu du droit et de la puissance*. Paris. PUF, 1997, p.14. Para una mayor información, vid. Karl von Clausewitz. *De la guerra*. Buenos Aires. Need, 1987, passim

17. Según Johan Galdtung, ella explica la tendencia -originada en los conceptos grecorromanos de *Eirene* y *Pax*- de definir "la paz como la unidad interior contra una amenaza exterior, de lo que se deduce que la amenaza exterior fomenta la unidad interior, de la unidad política o Estado, se entiende. Surge así, [entonces] la idea de <<nosotros contra ellos>>, que es la razón de la fuerza armada".

Cfr. Celestino Del Arenal. "Paz y derechos humanos". En la *Revista del IIDH*, n° 5. San José, C.R., p.8. Asimismo, vid. Michael Delon (Directeur). *Dictionnaire européen des Lumières* (Voix: Guerre, paix). Paris. PUF, 1997, p.527

18. Fue éste, justamente, el objeto de las convenciones adoptadas durante las Conferencias de Paz de La Haya, en 1899 y 1907, y asimismo, hace relación, en lo contemporáneo, con el denominado Derecho humanitario de Ginebra (1949/1977). En cuanto a las Conferencias de La Haya, consúltese a Nussbaum, op.cit., pp.264 ss.

19. Lefebvre, op.cit., pp.135 ss. Acerca del pacifismo jurídico o de derecho, vid. Raymond Aron. *Paz y guerra entre las naciones* (II). Madrid. Alianza Editorial, 1985, p.836

20. Al respecto, véase a Miguel Benzo Mestre. *Teología para universitarios*. Madrid. Ediciones Guadarrama, 1963, pp.57 y 99

21. Sobre las tesis diversas (realistas, liberales, neorrealistas, solidaristas, etc.) que explican o interpretan la dinámica de las relaciones internacionales, léanse a Lefebvre, op.cit., pp.16 ss.; Esther Barbe. *Relaciones internacionales*. Madrid. Tecnos, 1995, pp.56 ss. Sobre las modalidades de <<pacifismo>> explicadas por Max Scheler, en 1927, véase a Aron, op.cit., pp.836-837. De la misma manera, Vernon Bogdanor (Ed.). *Enciclopedia de las instituciones políticas*. Madrid. Alianza Editorial, 1987, p.505

22. La tesis totalizante del humanismo integral, magistralmente expuesta por dicho autor, corresponde a Maritain y predica la relación activa de la persona con cada una de las partes que, junto a ella, se resumen en la idea de la humanidad totalizante. Véanse, de

Asdrúbal Aguiar: *La protección internacional de los derechos del hombre*. Caracas. Academia de Ciencias Políticas y Sociales, 1987, p.88; "Derechos humanos y humanismo cristiano". Separata de *Nuevo Mundo*, Revista de Estudios Latinoamericanos. Caracas. Universidad Simón Bolívar/Instituto de Altos Estudios de América Latina, 1990, nota 13

23. Xavier Moreno Lara. *Las religiones orientales*. Bilbao. Mensajero, 1980, p.9

24. "El *dharma* se cumple inexorablemente a todos los niveles y de su acomodación a él [a través del conocimiento] individuo y sociedad recibirán la felicidad y la salvación. O lo contrario en caso de perturbación...El *dharma* es la estructura fundamental dentro del devenir cósmico". Idem., pp.31 ss.

25. Del Arenal, op.cit., p.7

26. Luis Feliz de Beaujour. *Teoría de los gobiernos*. París. Imprenta de Bruneau, 1839, tomo primero, p.7

27. Edgar Bodenheimer. *Teoría del Derecho*. México. FCE, 1942, pp.150-155 (¿?)

28. Loc.cit. También, Hernando Valencia Villa. *Derechos humanos*. Madrid. Acento Editorial, 1997, p.40

29. Idem. Así mismo, Delon, op.cit., p.529

30. La expresión se debe a Kant, apud. Delon, op.cit., p.528

31. Idem, p.527

32. Ibidem, p.528. Igualmente, vid. Beaujour, op.cit., tomo segundo, pp.417 ss. "La sujeción del hombre y sus pasiones á sus deberes – dice este último autor- ó la paz del corazón, deben, pues, ser el fin de la moral y, como la política no es sino el complemento de ésta, debe la política interior tener por objeto la paz entre los individuos, y la esterior (sic) la paz entre las naciones, á fin de que exista en cada uno y en todos los estados una paz perpetua..." (Idem, p.427)

33. Delon, op.cit., p.528

34. *Cathequisme*, op.cit., p.446

35. Coste, op.cit., p.441

36. Loc.cit.

37. Lefebvre, op.cit., p.20

38. Loc.cit. De la misma manera, Aron, op.cit., pp.835 ss.

39. Octavio Paz. *Pequeña crónica de grandes días*. México. FCE, 1990, p.92

40. Jesús Iribarren y J.L.Gutiérrez (editores). *Ocho grandes mensajes* (en lo particular *Pacem in terris*). Madrid. BAC, 1981, pp.201 ss.; Pedro Jesús Lasanta. *Diccionario social y moral de Juan Pablo II*. Madrid. Edibesa/Documentos 2, 1995, pp.477-499

41. Juan Pablo II. *Encíclicas de Juan Pablo II*. Madrid. Edibesa/Documentos 1, 1995, p.62

42. Luis A. Ortiz-Alvarez y Jacqueline Lejarza A. (Comp.) *Constituciones Latinoamericanas*. Caracas. Academia de Ciencias Políticas y Sociales, 1997, passim

43. Artículo 99, numeral 15°

44. Artículo 168, numeral 16°

45. Artículo 190, numeral 7°

46. Artículo 140, numeral 16°

47. Artículo 22

48. Tomas Hobbes (1588-1679). Apud. Bodenheimer, op.cit., p.157

49. John Locke. *Ensayo sobre el gobierno civil.* Barcelona. Aguilar, 1990, p.25. Para Locke, sin embargo, a diferencia de Hobbes, el estado de naturaleza es de igualdad, regido por un Derecho natural que enseña al hombre "que...nadie debía perjudicar a otro en su vida". Reconoce, sin embargo, que tal estado "era inseguro y estaba constantemente expuesto a las invasiones de los demás". Cfr. Bondenheimer, op.cit., pp.169 ss.

50. Vid. numeral 1 de dicho artículo y el texto integral del Pacto, de 28 de abril de 1919, en Rubens Ferreira de Melo. *Textos de direito internacional e de história diplomática de 1815 a 1949.* Rio de Janeiro. Coelho Branco, 1950, p.237

51. Hans Kelsen. *Derecho y paz en las relaciones internacionales.* México. FCE, 1986, passim. También, Juan Carlos Puig. *Derecho de la comunidad internacional* (I). Buenos Aires. Depalma, 1975, pp.17 ss.

52. Dominique Méda, *El trabajo: Un valor en extinción.* Barcelona. Gedisa, 1998, passim; Ralph Linton. *Estudio del hombre.* México. FCE, 1942, pp.232 ss.

53. Artículos 1,1; 2,7; 11 y Capítulos V y VII, etc.

54. Artículo 55

55. Preámbulo de la Carta de las Naciones Unidas, hecha en San Francisco, el 26 de junio de 1945

56. Asdrúbal Aguiar. *Derechos humanos y responsabilidad internacional del Estado*. Caracas. Monte Avila Editores Latinoemaricana/ Universidad Católica Andrés Bello, 1997, passim

57. Primer considerando del preámbulo

58. Párrafo tercero del preámbulo

59. Artículo 1,2 in fine

60. Resolución 290(IV) del 1° de diciembre de 1949, adoptada en la 261ª. Sesión plenaria

61. Numerales 6 y 7

62. En cuanto a los alcances y el contenido de los debates sobre la Resolución 290 (IV), véase, *in extensu*, *Yearbook of the United Nations, 1949* (O. Essentials of Peace), pp.336 ss.

63. Loc.cit.

64. Declaración 290 (IV), cit., numeral 9

65. Id., numeral 3

66. Idem, numeral 8

67. Ibidem, numeral 6

68. Boutros Boutros-Galli. *Agenda pour la paix*. New York. Nations Unies., 1992, parrs. 5 y 57

69. A ella se refiere Raymond Aron. *Paix et guerre entre les nations*. Paris. Calman-Lévy, 1962, pp.159 ss., apud. Pérez Luño, op.cit., p.506

70. Resolución 51/101 adoptada en la 82ª sesión plenaria

71. Idem, numeral 3

72. Resolución 50/173 del 22 de diciembre de 1995

73. Alain Minc. *La mondialisation heureuse*. France. PLON, 1997, p.163

74. Méda, op.cit., p.207. Téngase presente, a manera de aclaratoria de lo dicho, que la referencia al fenómeno estamental y disolvente de lo social que privó durante el Medioevo y el cual dio paso al fenómeno del Estado Nación durante la modernidad, en modo alguno olvida el valor inestimable ejercido por la cultura cristiana como factor de integración y de universalización social en la época. Esta materia, ciertamente, requeriría de un análisis detenido que escapa a los límites de estas apuntaciones. Sin embargo, consúltese a Christopher Dawson. Historia de la cultura cristinana. México. FCE, 1997, passim

75. Vid. *Pacem in terris*, en Iribarren y Gutiérrez, op.cit., 219-221. Adicionalmente, *Catéchisme de L'Église Catholique*. Manchecourt. Mame/Plon, 1992, p.574

76. Méda, op.cit., p.21

77. Rafael Tomás Caldera. *Visión del hombre: La enseñanza de Juan Pablo II*. Caracas. Centauro, 1995, p.99

78. Viktor Frankl. *El hombre en busca de sentido*. Barcelona. Herder, 1996, p.107

79. X. Léon-Dufour. *Vocabulario de teología bíblica*. Barcelona. Herder, 1966, pp.582 ss., apud. Coste, op.cit., p.439

80. Maritain, s/r. En todo caso, vid. del autor, *Humanismo integral*. Buenos Aires. Ediciones Carlos Lohlé, 1966. Passim

81. Catéchisme..., op.cit., p.454

82. Asdrúbal Aguiar. *El nuevo orden mundial y las tendencias direccionales del presente*. Caracas. El Centauro, 1997, pp.61 ss.

83. Manuel Fraga Iribarne. *ABC*. Madrid, 16 de abril de 1991

84. Aguiar, *El nuevo orden...*, op.cit., p.74

85. Es éste "...le défi majeur, en cette fin de XXe. Siecle", como lo expresa la Resolución 28C/0.12 de la UNESCO del 13 de noviembre de 1995 (Stratégie à moyen terme pour 1996-2001). En este mismo orden, Mayor, op.cit., p.6

86. Idem, pp.11-12

87. Ibidem, pp.5 y 12

88. Cfr. supra, nota 6

89. Mayor, op.cit., p.6

90. Idem, p.5

91. Uribe Vargas, op.cit., p.188. Además, del mismo autor, *El derecho a la paz*. Bogotá. Instituto para el Desarrollo de la Democracia/ Universidad Nacional de Colombia, 1996, passim

92. Catéchisme..., op.cit., pp.573-574

93. Jorge Iván Hübner Gallo. *Los derechos humanos*. Santiago. Editorial Jurídica de Chile, 1994, p.83

94. Loc.cit.

95. Cfr. *Gaudium et Spes*, en la obra de Iribarren y Gutiérrez, *Ocho mensajes...*, op.cit., p.399

96. Pérez Luño, op.cit., p502

97. Artículo 1 de la Carta de San Francisco; asimismo, *Essentials of Peace* (Resolución 290/IV), cit.

98. Artículo 28 de la Declaración Universal de Derechos Humanos

99. Preámbulo de la *Declaración de las Naciones Unidas sobre el fomento entre la juventud de los ideales de paz, respeto mutuo y comprensión entre los pueblos* (Resolución AG/2037-XX del 7 de diciembre de 1965)

100. Artículo 13 del *Pacto Internacional de Derechos Económicos, Sociales y Culturales*

101. *Declaración de las Naciones Unidas sobre el fortalecimiento de la seguridad internacional* (Resolución AG/2734-XXV del 16 de diciembre de 1970)

102. Resolución AG/3314-XXIX (*Definición de agresión*) del 14 de diciembre de 1974

103. *Declaración de las Naciones Unidas sobre la afirmación y consolidación de la distensión internacional* (Resolución AG/32/155 del 19 de diciembre de 1977; Documento final del X Período Extraordinario de Sesiones de la Asamblea General de NN.UU. (Resolución 5-10/2 del 30 de junio de 1978), párr.1

104. *Declaración de las Naciones Unidas sobre la preparación de las sociedades para vivir en paz* (Resolución AG/33/73 del 15 de diciembre de 1978), I,1

105. *Declaración de las Naciones Unidas sobre el Derecho de los pueblos a la paz* (Resolución AG/39/11 del 11 de noviembre de 1984)

106. Preámbulo de la *Declaración de las Naciones Unidas sobre el Derecho al desarrollo* (Resolución AG/41/128 del 4 de diciembre de 1986)

107. Decenio de las Naciones Unidas para la educación en la esfera de los derechos humanos: *Hacia una cultura de paz* (Resolución AG/50/173 del 22 de diciembre de 1995)

108. Resolución AG/52/13 del 15 de enero de 1998 (*Cultura de paz*), cit.

109. Cit.supra nota 96 (Preámbulo y principio I)

110. Cit.supra nota 101 (I, 1)

111. Loc.cit.

112. Idem, passim

113. Loc.cit.

114. Cit.supra, nota 105

115. Idem, Preámbulo y numeral 3

116. Ibidem, numeral 3.

117. Sobre la relación del derecho de los pueblos con los derechos humanos, v. Alain Papaux et Eric Wiler. *L'Étique du droit international*. Paris. PUF (Que sais-je ?), 1997, pp.59-60

118. Cfr. Rapport du Directeur General sur le droit...(29C/59), op.cit., anexo I. También, cfr. infra el texto de la Declaración comentada, en el anexo 1.

119. Loc.cit.

120. De dicho autor, "Introducción al Derecho de la paz". En *Diálogo*, publicación trimestral de la UNESCO, n° 21, junio 1997, p.7

121. Rapport...(29C/59), cit., annexe II

122. Comunicación del Director General..., cit., anexo I

123. Loc.cit.

124. Rapport... (29C/59), cit., annexe II, Numeral 6 del Preámbulo de la "Declaración de Oslo"; Comunicación..., cit., anexo I, numeral 7 del Preámbulo del Proyecto de Declaración ("ProyectoMayor")

125. Informe...(29 C/59), cit., anexo I, 2

126. Idem, anexo II, II,2

127. Kelsen ,op.cit., pp.34 y 51. Del mismo autor, *Teoría general del Derecho y del Estado*. México. Imprenta Universitaria, 1958, p.25

128. Supra, nota 126, numerales 8 y 9 del Preámbulo

129. Id., Artículo 1,a; Comunicación...cit., Proyecto de Declaración, I, 3

130. Rapport...(29C/59), cit., annexe II, I, article 1, a) et b)

131. Ib., I, art.2, b)

132. Idem, I, art.2, a)

133. Loc.cit.

134. Rapport...,cit., annexe II, I, art.3, a); Comunicación...,cit., Proyecto..., I, 1

135. Discurso inaugural del Director General de la UNESCO, Federico Mayor, en la *Consulta Internacional de Expertos Gubernamentales sobre el Derecho Humano a la Paz*. París, 5 de marzo de 1998

136. Loc.cit.

137. Comunicación...,cit., proyecto de Declaración, I, 2

138. Idem, II, 1

139. Ibidem, I, 4

140. Documento de trabajo SHS-98/Conf.201/3 de la Consulta..., cit., nota 1, supra

141. Rapport final (SHS-98/Conf.201/4 le 18 mars 1998). *Consultation Internationale d'Experts Gouvernementaux sur le Droit de l'etre humain a la paix.* Paris, 5-9 mars 1998

142. De suyo, olvidaban que "la sociedad no solo [es] obra de los individuos, sino [que también] existe con el fin de permitirles perseguir en paz sus objetivos particulares". Acerca de esto y de las diferenciaciones......, vid. Méda, op.cit., pp.210 ss.

143. Memorandum de la reunión Unesco/Luxemburgo, de 1° de agosto de 1997

144. Nota verbal del 5 de febrero de 1998

145. Comunicación del Director (CL-3479)..., cit., anexo I

146. Los comentarios y apreciaciones de los expertos gubernamentales que participaron en la Consulta no constan, de manera expresa y detallada, en los documentos oficiales de la UNESCO, excepción hecha del resumen de actividades contenido en la Relación Final de la Consulta (Cit. supra, nota 136). En consecuencia, las citas y menciones recogidas en el presente trabajo

hacen parte de las apuntaciones de su autor, vertidas bajo su única y exclusiva responsabilidad. En modo alguno, por consiguiente, constituyen una posición oficial de los países o expertos mencionados.

147. A manera de antecedentes, ténganse presentes las reservas y correcciones introducidas por un grupo de países, en su mayoría miembros de la Unión Europea (Alemania, Austria, Bélgica, Dinamarca, España, Finlandia, Francia, Grecia, Irlanda, Italia, Luxemburgo, Países Bajos, Portugal, Reino Unido y Suecia), a los párrafos fundamentales de la Resolución 29C/43 cit. supra, nota 1, la cual fue presentada a la Conferencia General de la UNESCO con el voto afirmativo de noventa de sus Estados miembros

148. Sin perjuicio del significado teórico que le puedan atribuir los especialistas y la doctrina de las relaciones internacionales, llamamos neorrealismo, dentro del contexto de nuestra exposición, al señalado retorno hacia las políticas de poder en detrimento de los principios morales; dentro de una linea de evolución que parte, en un ángulo, desde los años '70 con el *impeachment* a Nixon y la llegada al poder de Carter, hasta el otro ángulo que se sitúa en el período internacional que abrió la Administración Reagan. Véase, en este sentido, Jean-Jacques Roche. *Théories des relations internationales*. Paris. Montchrestien, 1997, pp.86 ss.

149. Supra, nota 7

150. Con independencia de las atribuciones normativas otorgadas en el ámbito de la paz mundial a la UNESCO por su Constitución (IV, b), no se olvide que la Conferencia General, en su Resolución 28C/0.12 (*Stratégie à moyen terme pour 1996-2001*) adoptada en la 18°

sesión plenaria del 13 de noviembre de 1995, le ratificó que debe *"en tant qu'organe normatif en favorisant l'adoption et l'applications de normes et instruments internationaux..."* (cfr. en la Res.cit., II,7)

151. Ver comunicación de la Presidencia de la Unión Europea (Reino Unido) y anexo (I,2), dirigidos al Secretario de la "UNESCO International Consultation of Governmental Experts on Human Rights to Peace". Paris, 6 march 1998

152. Rapport final (SHS-98/Conf.201/4)..., cit., Annexes

153. Intervención en la sesión de clausura de la Consulta Internacional de Expertos Gubernamentales. París. UNESCO, 9 de marzo de 1998

154. Cfr. párrafo supra, texto del *corrigendum* emanado de la Consulta

155. Declaración y Programa de Acción de Viena aprobados por la Conferencia Mundial de Derechos Humanos (A/Conf.157/24, de 25 de junio de 1993), párr.I,26. En la obra de Naciones Unidas. *Las Naciones Unidas y los derechos humanos 1945-1995*. Serie de Libros Azules, Vol.VII. Nueva York, 1995, p.487

156. Boutros-Galli, op.cit., párrs.20-21

157. Lefebvre, op.cit., pp.128-129

158. Naciones Unidas. Informe de la Comisión de Derecho Internacional, sobre la labor realizada en su 48° período de sesiones (A/51/10). Nueva York, 1996, pp.10 ss. Asimismo, Informe del Comité Preparatorio sobre el establecimiento de una Corte Penal

Internacional. Conferencia Diplomática de Plenipotenciarios (A/Conf.183/2/Add.1). Roma, 14 de abril de 1998

159. Rapport du Directeur..., cit., annexes III y IV

160. Idem, anexxe III

161. Ibidem, annexxe IV

162. Antonio Remiro Brotons et al. *Derecho internacional.* Madrid. McGraw-Hill, 1997, p.20

163. Declaración "Reafirmación de Caracas", aprobada en la segunda sesión plenaria del Vigésimo Octavo Período Ordinario de Sesiones de la Asamblea General de la OEA (AG/DLC-16-XXVIII-0/98). Caracas, 1° de junio de 1998. Véase infra el texto de la señalada Declaración, en el anexo 4.

ANEXO 1

DECLARACION DE LAS PALMAS

Los participantes en la reunión de expertos de la UNESCO sobre el derecho humano a la paz, organizada en Las Palmas de Gran Canaria del 23 al 25 de febrero de 1997, con el apoyo del Gobierno de Canarias, por la Universidad de Las Palmas de Gran Canaria y el Instituto Tricontinental de la Democracia Parlamentaria y los Derechos Humanos

1. *Hacen suya* la proposición del Director General de la UNESCO para que la paz, internacional e interior, sea objeto de un verdadero derecho humano, tal como ha sido formulado en su publicación "El Derecho Humano a la Paz", es decir, en el marco de los ideales democráticos proclamados en la Constitución de la UNESCO;

2. *Constatan* que el mantenimiento y el restablecimiento de la paz entre los Estados y dentro de ellos tropiezan con

obstáculos, a la vez políticos, económicos, sociales y culturales, que es preciso superar con medidas adecuadas, en particular de carácter ético y jurídico;

3. *Reconocen* que todo ser humano tiene un derecho a la paz que es inherente a su dignidad de persona humana;

4. *Estiman* que la puesta en práctica del derecho humano a la paz supone necesariamente que los deberes correspondientes sean asumidos por los individuos, los Estados, las organizaciones internacionales y todos los demás actores de la vida social;

5. *Consideran* que el derecho humano a la paz debería ser reconocido, garantizado y protegido en el plano internacional, mediante la elaboración de una Declaración sobre el Derecho Humano a la Paz, que podría conducir a adoptar en el plano nacional medidas de carácter constitucional, legislativo y reglamentario en todos los Estados Miembros de la comunidad internacional;

6. *Piden* al Director General de la UNESCO que prosiga los trabajos iniciados con motivo de la reunión de Las Palmas, identificando los elementos constitutivos esenciales del derecho humano a la paz para redactar una declaración que podría aprobar la Conferencia General que se celebrará poco antes de que empiece 1998, año del cincuentenario de la Declaración Universal de Derechos Humanos.

ANEXO 2

DECLARACION DE OSLO SOBRE EL DERECHO HUMANO A LA PAZ

1. **La Conferencia General de la Organización de las Naciones Unidas para la Educación, la Ciencia y la Cultura,** en su 29° reunión celebrada en París del 21 de octubre al 12 de noviembre de 1997,

2. *Considerando* que, según el Preámbulo de la Carta de las Naciones Unidas, los pueblos de las Naciones Unidas están resueltos a "practicar la tolerancia y a convivir en paz como buenos vecinos",

3. *Considerando* que en el Artículo 1 de la Carta de las Naciones Unidas, expresión de la voluntad de los pueblos de las Naciones Unidas, el primer propósito proclamado es mantener la paz y la seguridad internacionales,

4. *Considerando* que la paz constituye la meta esencial de todo el sistema de las Naciones Unidas y de las demás organizaciones internacionales, puesto que los objetivos

específicos que se les han asignado son al mismo tiempo medios que permiten instaurar y preservar la paz entre las naciones y dentro de ellas,

5. *Reconociendo* que esto se aplica particularmente a la UNESCO, ya que, según el Artículo I de su Constitución, la Organización se propone contribuir al mantenimiento de la paz y la seguridad entre las naciones mediante la educación, la ciencia, la cultura y la comunicación,

6. *Observando* que la paz, bien común de la humanidad, es un valor universal y fundamental al que aspiran todos los seres humanos y todos los pueblos y en particular los jóvenes del mundo,

7. *Considerando* que, según el Preámbulo de la Declaración Universal de Derechos Humanos, "la libertad, la justicia y la paz en el mundo tienen por base el reconocimiento de la dignidad intrínseca y de los derechos iguales e inalienables de todos los miembros de la familia humana",

8. *Advirtiendo* que el mantenimiento y el restablecimiento de la paz entre los Estados y dentro de ellos tropiezan con obstáculos a la vez económicos, sociales y culturales que es menester superar mediante medidas adecuadas,

9. *Considerando* que con esas medidas convendría reconocer, proteger y hacer efectivo el derecho a la paz como uno de los derechos humanos cuyo carácter universal dimana de la Declaración Universal de Derechos Humanos y de los Pactos Internacionales relativos a los derechos humanos,

10. *Considerando* que el reconocimiento de un derecho humano a la paz permite dar cabalmente a la paz su dimensión humana,

11. *Subrayando* que la cooperación internacional es esencial para la promoción y protección del derecho humano a la paz, en la medida en que su respeto, garantía y ejercicio efectivo sólo pueden ser fruto de la unión de esfuerzos solidarios de todos: Estados, organizaciones internacionales, gubernamentales y no gubernamentales, individuos y entidades públicas y privadas,

12. *Profundamente convencida* de que el futuro pertenece a los hombres y a las mujeres de paz y que, en última instancia, de ellos depende el destino de la humanidad,

13. *Deseosa* de que la UNESCO aporte su contribución a la celebración del cincuentenario de la Declaración Universal de Derechos Humanos, aprobada en París el 10 de diciembre de 1948,

I

Proclama solemnemente la Declaración siguiente:

Artículo 1: La paz como derecho humano

a) Todo ser humano tiene un derecho a la paz que es inherente a su dignidad de persona humana. La guerra y cualquier otro conflicto armado, la violencia en todas sus formas y cualquiera que sea su origen, así como la inseguridad de las personas son intrínsecamente incompatibles con el derecho humano a la paz.

b) Todos los Estados y los demás miembros de la comunidad internacional deben garantizar, respetar y aplicar sin discriminación alguna el derecho humano a la paz, tanto en el plano interno como en el plano internacional.

Artículo 2: La paz como deber

a) Todo ser humano, todos los Estados y los demás miembros de la comunidad internacional y todos los pueblos tienen el deber de contribuir al mantenimiento y a la construcción de la paz, así como a la prevención de los conflictos armados y de la violencia en todas sus formas. Les incumbe en particular favorecer el desarme y oponerse por todos los medios legítimos a los actos de agresión y a las violaciones sistemáticas, masivas y flagrantes de los derechos humanos que constituyen una amenaza para la paz.

Habida cuenta de que las desigualdades, la exclusión y la pobreza puede conducir a la violación de la paz internacional y la paz interna, los Estados tienen el deber de promover y fomentar la justicia social tanto en su territorio como en el plano internacional, en especial mediante una política adecuada encaminada al desarrollo humano sostenible.

Artículo 3: La paz mediante la cultura de paz

a) La cultura de paz, cuyo fin es erigir todos los días mediante la educación, la ciencia y la comunicación los baluartes de la paz en la mente de los seres humanos, ha de ser el camino que conduzca a una aplicación mundial del derecho humano a la paz.

b) La cultura de paz supone el reconocimiento, el respeto y la práctica cotidiana de un conjunto de valores éticos e ideales democráticos fundados en la solidaridad intelectual y moral de la humanidad.

II

1. *Hace un llamamiento* a todos los individuos, todos los Estados, todas las organizaciones internacionales, gubernamentales y no gubernamentales y, en términos generales, todos los actores sociales para que promuevan y apliquen el derecho humano a la paz;

2. *Insta* a todos los Estados, teniendo presentes las exigencias de la solidaridad internacional, a que adopten todas las medidas apropiadas, de carácter constitucional, legislativo y administrativo, en los planos económico, social y cultural y en las esferas de la enseñanza, la ciencia y la comunicación, para la aplicación del derecho humano a la paz.

Aprobada en París, el ....de 1997.

ANEXO 3

PROYECTO DE DECLARACION SOBRE EL DERECHO HUMANO A LA PAZ, FUNDAMENTO DE LA CULTURA DE PAZ

1..

2. *Considerando* que, según el Preámbulo de la carta de las Naciones Unidas, los pueblos de las Naciones Unidas están resueltos a "practicar la tolerancia y a convivir en paz como buenos vecinos",

3. *Considerando* que en el Artículo 1 de la Carta de las Naciones Unidas, expresión de la voluntad de los pueblos de las Naciones Unidas, el primer propósito proclamado es mantener la paz y la seguridad internacionales,

4. *Considerando* que la paz constituye la meta esencial de todo el sistema de las Naciones Unidas y de las demás

organizaciones internacionales, puesto que los objetivos específicos que se les han asignado son al mismo tiempo medios que permiten instaurar y preservar la paz entre las naciones y dentro de ellas,

5. *Reconociendo* que esto se aplica particularmente a la UNESCO, ya que, según el Artículo I de su Constitución, la Organización se propone contribuir al mantenimiento de la paz y la seguridad entre las naciones mediante la educación, la ciencia, la cultura y la comunicación,

6. *Reconociendo* que existe una íntima relación entre la paz y los derechos humanos,

7. *Observando* que la paz, bien común de la humanidad, es un valor universal y fundamental al que aspiran todos los seres humanos y todos los pueblos y en particular los jóvenes del mundo,

8. *Considerando* que, según el Preámbulo de la Declaración Universal de Derechos Humanos, "la libertad, la justicia y la paz en el mundo tienen por base el reconocimiento de la dignidad intrínseca y de los derechos iguales e inalienables de todos los miembros de la familia humana",

9. *Tomando nota* de la Declaración sobre la preparación de las sociedades para vivir en paz, adoptada por la Asamblea General de las Naciones Unidas el 15 de diciembre de 1978, que proclamó que "todas las Naciones y todos los seres

humanos, sin distinción de raza, de ideas, de lengua o de sexo, tienen el derecho inherente a vivir en paz" y de la Declaración sobre el Derecho de los Pueblos a la Paz, adoptada por la Asamblea General el 12 de noviembre de 1984,

10. *Señalando* que en la resolución 0.12 que la Conferencia General de la UNESCO aprobó el 13 de noviembre de 1995, en su 28° reunión, que definía la estrategia a plazo medio de la Organización para 1996-2001 declaró estar convencida de que "en las postrimerías del siglo XX, el principal desafío es iniciar la transición de una cultura de guerra hacia (la) cultura de paz",

11. *Tomando en consideración* la Resolución 50/173 de la Asamblea General de las Naciones Unidas del 22 de diciembre de 1995, titulada "Decenio de las Naciones Unidas para la Educación en la esfera de los derechos humanos: hacia una cultura de paz", por la cual la Asamblea General acogió con satisfacción el proyecto transdisciplinario de la UNESCO "Hacia una cultura de paz" y decidió promover la educación para la paz, los derechos humanos, la democracia, la comprensión internacional y la tolerancia,

12. *Consciente* de que por su misión ética la UNESCO tiene el deber de promover la cultura y la educación, en pro de la justicia, la libertad y la paz, fundada ésta en "la solidaridad intelectual y moral de la humanidad",

13. *Considerando* que todo ser humano, todos los Estados Miembros y los demás miembros de la comunidad internacional tienen el deber de contribuir al mantenimiento y a la construcción de la paz, así como a la prevención de los conflictos armados y de la violencia en todas sus formas,

14. *Recordando* la Declaración sobre las responsabilidades de las generaciones actuales para con las generaciones futuras adoptada por la Conferencia General de la UNESCO en su 29° reunión, que expresa la renovada determinación de la comunidad internacional de resolver los problemas actuales y legar un mundo mejor a las generaciones futuras, para que puedan vivir pacíficamente en seguridad, en el respeto del derecho internacional, los derechos humanos y las libertades fundamentales,

15. *Reconociendo* la importancia primordial de los valores de una cultura de paz, que constituye uno de los objetivos esenciales de la acción de la UNESCO, reconocidos en la resolución 52/13 adoptada por la Asamblea General de las Naciones Unidas en noviembre de 1997, según la cual la edificación de una cultura de la paz es una misión de todo el sistema de las Naciones Unidas,

16. *Subrayando* que ese mismo 20 de noviembre de 1997 la Asamblea General de las Naciones Unidas proclamó solemnemente, en su resolución 52/15, el año 2000 "Año Internacional de la Cultura de la Paz",

17. *Tomando* en consideración la Resolución 29 C/43 en la que la Conferencia General de la UNESCO subrayó que "comparte los móviles y las ideas básicas del proyecto de Declaración" sobre el derecho humano a la paz que le presentó el Director General,

18. *Convencida* de que la mejor manera de responder a los desafíos de hoy y del mañana es la construcción de una cultura de paz y, como consecuencia, el reconocimiento y la realización del derecho humano a la paz,

19. *Proclama solemnemente* la presente "Declaración sobre el Derecho Humano a la Paz, fundamento de la Cultura de Paz", como contribución de la UNESCO al cincuentenario de la Declaración Universal de Derechos Humanos;

I

1. Destinada a erigir cada día, mediante la educación, la ciencia, la cultura y la comunicación, los baluartes de la paz en la mente de los seres humanos, la cultura de paz supone el reconocimiento, el respeto, y la práctica cotidiana de un conjunto de valores éticos e ideales democráticos conducentes a la solidaridad intelectual y moral de la humanidad.

2. El derecho de todo ser humano a la paz constituye el fundamento de la cultura de paz.

3. Todo ser humano tiene un derecho a la paz que es inherente a su dignidad de persona humana; todos los Estados y los

demás miembros de la comunidad internacional deben reconocerlo, respetarlo y aplicarlo sin discriminación alguna.

4. La violencia en todas sus formas es intrínsecamente incompatible con el derecho humano a la paz; puesto que las desigualdades, la exclusión y la pobreza pueden traer aparejada una violación de la paz internacional y de la paz interna, el derecho humano a la paz requiere que se promueva la justicia social mediante una política nacional e internacional idónea, que apunte a un desarrollo humano sostenible.

II

1. *Hace un llamamiento* a todos los individuos, todos los Estados, todas las organizaciones internacionales, gubernamentales y no gubernamentales y, en términos generales, todos los actores sociales para que promuevan y apliquen el derecho de todo ser humano a la paz, fundamento de una verdadera cultura de paz.

2. *Insta* a todos los Estados a que, con miras a aplicar el derecho de todo ser humano a la paz, adopten todas las medidas apropiadas, especialmente en las esferas de la educación, la ciencia, la cultura y la comunicación.

Adoptada en París el..... de .... de .....

ANEXO 4

DECLARACION
<<REAFIRMACION DE CARACAS>>
(AG/DEC.16/XXVIII-0/98)

Los Ministros de Relaciones Exteriores y Jefes de Delegación de los Países Miembros de la Organización de los Estados Americanos, reunidos en Caracas en este vigésimo octavo período ordinario de sesiones de la Asamblea General de la OEA, en el año en que se conmemora el cincuentenario de la adopción de la Carta de la Organización de los Estados Americanos;

Tras medio siglo de un progresivo camino hacia la unidad espiritual del Continente en torno a la misión histórica de ofrecer a nuestros pueblos una tierra de libertad y un ámbito favorable para el desarrollo integral;

Confirmado, como está, el papel fundamenta de la cooperación hemisférica solidaria como requisito para el bienestar de nuestros pueblos y para la consolidación, dentro del marco de las instituciones democráticas, de un régimen de libertad individual y justicia social, fundado en el respeto a los derechos humanos;

I

(*Omissis*)

II

(*Omissis*)

Valorando la acción que desarrollan los órganos del Sistema Interamericano de Derechos Humanos, la Comisión y la Corte, en la promoción y protección de los derechos reconocidos en la Declaración Americana de los Derechos y Deberes del Hombre de 1948 y en la Convención Americana sobre Derechos Humanos, de 1969;

Confirmando que el patrimonio jurídico del orden interamericano en materia de derechos humanos se ha desarrollado, a partir del Pacto de San José, con el Protocolo a la Convención Americana sobre Derechos Humanos relativo a la Abolición de la Pena de Muerte, el Protocolo de San Salvador sobre Derechos Económicos, Sociales y Culturales, la Convención Interamericana para Prevenir y Sancionar la Tortura, la Convención Americana sobre Desaparición Forzada de Personas y la Convención Interamericana sobre

Desaparición Forzada de Personas y la Convención Interamericana de Belém do Pará para Prevenir, Sancionar y Erradicar la Violencia contra la Mujer;

Conscientes de que el afianzamiento de la democracia, la paz, y el pleno goce de los derechos humanos son aspectos centrales de la agenda hemisférica y constituyen fines fundamentales de la Organización;

(*Omissis*)

Reconociendo que la participación responsable y organizada de las comunidades es garantía para la estabilidad de la democracia, la gobernabilidad y el desarrollo integral;

(*Omissis*)

Convencidos de que el fortalecimiento de la democracia representativa, el desarrollo económico y social, la profundización de los procesos de integración y la cooperación solidaria entre los Estados miembros son fundamentales para el afianzamiento de la paz y la seguridad de la región;

(*Omissis*)

III

Conscientes de que así como este cincuenta aniversario nos invita a celebrar con satisfacción la comunidad de valores democráticos en el hemisferio, al mismo tiempo que nos compromete a alcanzar plenamente la promoción y protección de los derechos esenciales de la persona humana y crear las circunstancias que le permitan progresar espiritual y materialmente;

Reafirmando que la lucha contra la pobreza es esencial para la coexistencia pacífica, la armonía social, el desarrollo y el fortalecimiento de las instituciones democráticas;

Recordando que en la II Cumbre de las Américas de Santiago, los Jefes de Estado y de Gobierno del Hemisferio ratificaron la importancia de la educación como tarea previa y factor determinante para el desarrollo social, cultural, político y económico de nuestros pueblos;

Reconociendo, una vez más, que el crecimiento económico es condición necesaria pero no suficiente para promover una mejor calidad de vida, superar la pobreza, eliminar la discriminación y la exclusión social y que la experiencia de la región demuestra la necesidad de un crecimiento orientado a promover el desarrollo económico con equidad y justicia social; y

Conscientes de que los ideales de paz, justicia social, desarrollo integral y solidaridad son retos permanentes para nuestras democracias,

REAFIRMAMOS:

(*Omissis*)
El compromiso de afirmar la profundización de una cultura de paz, desarrollo y no violencia, reconociendo el derecho a la paz como inalienable e inherente a la dignidad de la persona humana.

(*Omissis*)

El compromiso de consolidar los significativos avances registrados en materia de confianza y seguridad hemisféricas, como expresión fiel de la cultura y tradición de paz de la región y de los valores democráticos que la orientan.

(*Omissis*)

En consecuencia, los Ministros de Relaciones Exteriores y Jefes de Delegación de los Estados miembros de la OEA, en nombre de nuestros pueblos y durante esta Asamblea, en el cincuentenario de la Organización, reafirmamos el compromiso con la defensa y promoción de la democracia representativa y de los derechos humanos en la región, el propósito firme de alcanzar el desarrollo con justicia social, y el empeño en hacer de América una tierra de paz y bienestar.

Caracas, 1° de junio de 1998.